日月神示のことはこの人に聞け！

日月神示・岡本天明——内奥への道しるべ

黒川柚月

Kurokawa Yutsuki

ヒカルランド

まえがき

昭和19年、画家の岡本天明《てんめい》は、東京の千駄ヶ谷、鳩森《はとのもり》八幡神社留守神主を勤めながら、なんとか糊口《ここう》をしのいでいた。戦争中の物資不足のおり、配給でも手に入りづらい酒が、千葉県印旛郡公津村《こうづ》（現・成田市）の村長、小川家で密造どぶろくが飲めると、親交のあった宗教哲学者高田集蔵《しゅうぞう》に誘われて、列車の切符を手配していたが、4月に行なった扶乩《フーチ》の神霊実験の場に出現した「あまのひつく神」と名乗る神が祀られる神社が、同じ公津村に鎮座することを知り、奇異な念を抱いた。

6月10日、岡本天明は公津村台方《だいかた》（現・成田市台方小字稷山《あわやま》）の麻賀多《まがた》神社の境内末社、天之日津久《あめのひつく》神社に参拝した後、昼食をとろうと社務所前の階段に腰掛けていると、激しい霊動をともなう神憑《しんぴょう》現象があり、これが「日月神示」の発祥である。

富士は晴れたり日本晴れ　神の国のまことの神の力をあらわす世となれる。

冒頭の力強い言葉は、原文は漢数字が主体で、こう書かれている。

二二八八れ十二ほん八れ⦿の九二のま九十の⦿のちからをあら八す四十七れる。

数字だらけの原文の、冒頭の数字を全て足すと総数は99になる。前段の「富士は晴れたり日本晴れ」までで40。後半の「神の国のまことの神の力をあらわす世となれる」で59。合わせて99。40は聖書に登場するノアの40日間の洪水、キリストの荒野の40日間の断食《だんじき》など、試しの期間として多出する数字で、大本教《おおもと》の出口なおも40日間入牢《じゅろう》した。59は日津久神の眷属《けんぞく》の数であり、たびたび59柱の神々が働くと示されている。

日月神示も後半では、「ち」の音の原文には「千」が使用されるが、ここでは使われず、使えば1099になったので、あえて99に数を納めるようにした、見えない意図を感じる。

99に深い意味があるのだろうと考えると、連想するのは「九九り《くくり》」であり、白山《はくさん》菊理媛《くくりひめ》神の存在だ。だが神格としては、「日月神示」には白山菊理媛は登場しない。

白山菊理媛神が広く知られるようになったきっかけは、滝の行者の異名を取った金井南龍《なんりゅう》が自ら行動を白山神界、白山神業と主張して、精神世界で流行らせたことだ。だがそれも、昭和50年代からに過ぎない。

だが、天明に日月神示が降りる一カ月前の5月、都内で岐阜県の天然記念物、菊《きっ》花石《かせき》を見せられた高田集蔵が瞬間的に悟って、これから白山菊理媛神が世に現れると喝破《かっぱ》しているのだ。

日月神示「夜明けの巻」第十四帖、終戦前の最後に降りた神示《ふで》は、神易《しんえき》という蜘蛛の巣図形だが、これは16弁菊花紋の形をしている。

前後の事情に鑑《かんが》みると、日月神示には白山菊理媛の神名は言挙《ことあ》げせずとも、内実として霊的な働きがあったとわかった。今年（令和7年　西暦2025年）は昭和100年となる。今年も機縁があったのだ。

ヒカルランド・イベントの宣伝文句では、「岩戸開き、国常立尊《くにとこたちのみこと》、一厘《いちりん》」と書いているのに、登壇した私が一言も国常立《くにとこたち》と言わなかったと、前の参加者さんから感想をいただきましたが、そもそも大本教では、八百万《やおよろず》の神々は大本皇大神《おおもとすわめがみ》と総称され奉斎《ほうさい》されるので、普通、大本信徒の口からは個別の神格として国常立尊、主神《すしん》と軽々しく言わないし、岡本天明も「一神即多神即汎神《はんしん》」の神観から、日常では「大神様」と一神として奉唱《ほうしょう》したから、国常立と言いません。私がイベントで国常立と言わなくても、全て国常立の話なのです。

目次

カバーデザイン　吉原遠藤
編集協力　宮田速記
校正　麦秋アートセンター
図版作成　波琉木
本文仮名書体　文麗仮名（キャップス）

第一部

「霊力体《ひふみ》」で紐解けば
日月神示がわかる！

第一部〜第三部は「日月神示のことはこの人に聞け！」と題して2024年3月31日（日）イッテルスタジオにて行われた黒川柚月氏の講演をまとめたものです。

――皆様、これより黒川柚月《くろかわゆつき》先生の日月神示の会を開始させていただきたいと思います。基調講演の後、皆様に引いていただいた神示を前に映し出しまして、それについて黒川先生に解説していただきます。それでは先生、よろしくお願いします。

（拍手）

日月神示との出会い！　日月神示はこうして世に出た!!

黒川柚月　本日はよろしくお願いします。黒川です。

この「音の日月神示」のイベントを何回かさせていただいています。

私は最初はイベントの一参加者だったのです。

ＫＮＯＢ（ノブ）さんというディジュリドゥを演奏される方（ＫＮＯＢ氏：地球最古の楽器ともいわれる、オーストラリア先住民アボリジニの楽器ディジュリドゥ奏者。日本をはじめ世界で奉納演奏を行い、活躍している）と面識があったので、KNOBさんがヒカルランドに来られて演奏するのか、じゃ、自分も関係者枠で潜入してみようかなというので入って、最初は一番後ろの隅っこに小さく座って、ウンウンとうなずいていたのです。

そうしたら、石井社長が「これはどういうことですか」といきなり話を振ってきた。「はあ?」と思いながら、ペラペラッとしゃべったら、みんながすごく喜んでくれたのです。

「エッ? 自分は、居てもいいんだ」みたいな感じで、出てきたいろんな言葉を説明するということを何回かさせていただいているうちに、すごく好評になって、続いています。

例えば日月神示に「一二三」と書いているのは「ひふみ」と読む。

それぐらいはわかりますが、こういう意味があるという話をさせていただく。

一番わかりやすい背景は、老荘《ろうそう》思想の原典である『老子道徳経《ろうしどうとくきょう》』です。

この古代中国の経典に出てくる「道（タオ）」は、単に道（ミチ）の意味ではなくて、宇宙の法則とか、広い意味で使われています。

「道生一、一生二、二生三、三生萬物」宇宙の根源の道（タオ）からまず数字の一が生まれて、一から二が生まれて、二から三が生まれる。

三から森羅万象の全てが生まれたと、短い一節で書いているのです。

漢文を中学生のときに学ばれたと思いますが、シンプルに表記することに長《た》けた伝達手段です。

中国（中華平原）は広大で、マンガ『キングダム』にあるように、戦国七大国がしのぎを削り、各国は文化も全然違っていたのです。

言葉も相当違っていた。文化の違う人たちが、漢字という表意文字で意思疎通していた。カナみたいな表音文字ではなくて、鳥とか山とか象形文字にあらわして、それを並べていくと、言語の通じ合わない人も筆談ができたのです。

奈良時代の遣唐使は、唐の国に行ったら大和《やまと》言葉は通じない。

向こうの貿易港に行けば、大和言葉が通じる役人がいたかもしれないですが、台風で変なところに漂着して、現地の人に「何者か」と言われたら、「敵じゃない」

ということをみんな筆談で意思疎通したのです。

漢文は表意文字としてシンプルでわかりやすいのですが、漢文にはテニヲハの助詞がないから意味が取りづらい。見ただけで読めるのですが、深い意味が通じない。「一が二を生み、二が三を生み、三が万物を生んだ」というのも、わかったようで、実は自分も深く考えたことはなかった。

古代人にとっての一は、単なる数字の1、物が1つあるという意味だけではなくて、宇宙の根源的なものをあらわしていたのです。修養法であり、その心得を守一《しゅいつ》といいます。

二は、一から2つに分かれた男と女、陰陽、極限に分かれた2つを意味します。

三は、その2つの間に子どもが生まれる形です。最小の家族という形になる。

三は、2でも4でもない3の意味だけでなくて、3が森羅万象、全てをあらわしている。三で無限の数もあらわしていた。

一二三《ひふみ》は、神が根源から生まれて、一になって、二になって、三になる。

ヽの点の世界から全ての創造が完成していく。⦿という印がありますが、⦿を漢字であらわすと、一二三《ひふみ》です。同じ意味なのです。

我々は別のものだとつい思ってしまうのですが、そうではない。⦿と全て一緒になっています。

ご神示を自動書記で残された岡本天明さんは、一二三と⦿は同じものだという理解を大前提として、ご神示を降ろされて、仮名文に翻訳し、皆さんに残されました。第一世代の人々の中では共通理解としてあって、一々説明する必要がなかったのです。

これは卵です、これは太鼓ですと、いちいち説明しなくても、書いてあれば皆さんはわかるじゃないですか。

それが、年が離れていくに従って、だんだんわからなくなってくる。

今ヒカルランドから『［完訳］日月神示』という立派な本が出ています。

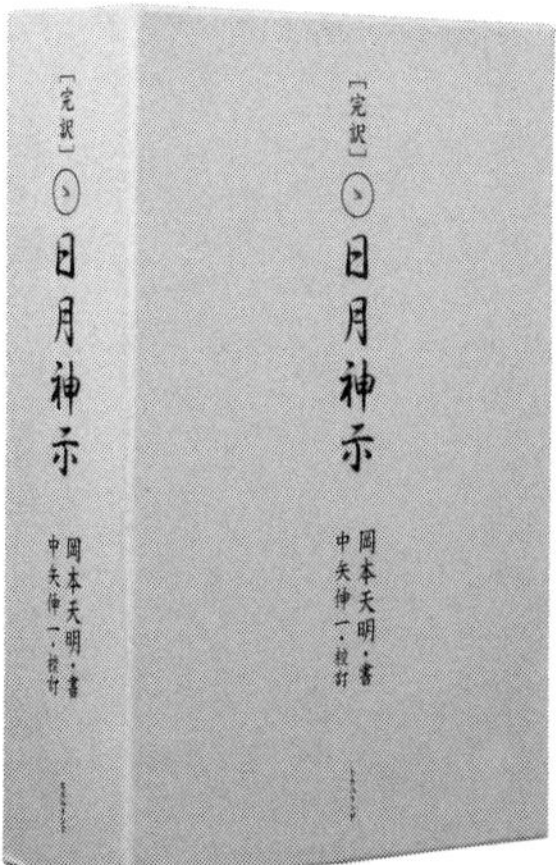

皆さんは、それを購入されたことから始まっていると思うんです。

でも、私が「日月神示」というものがあるらしいと聞いたときは、本がなかったのです。

ネットもないし、どこで売っているかわからない。どこにあるのか、しばらくわからなかった。

私がコラボで講演している八幡書店の武田崇元《すうげん》さんが、当時『迷宮』(白馬書房)という画期的なオカルト雑誌を出していたのです。

オカルト雑誌というと『ムー』(ワン・パブリッシング)が長くやっていますが、武田さんは論文調のものを出していた。

『迷宮』も存在は知っていたのですが、実物がどこに売っているのかわからなかった。

あるとき、神田神保町の「書泉グランデ」で売り場を探していたら、『迷宮』3号があったので買った。

「これが名高い武田さんの『迷宮』か」と思って開いたら、最初に「日月神示」と書いてあるのです。「おっ」と思った。

岡本三典《みのり》さん（岡本天明夫人）が、出版社ではなくて至恩郷《しおんきょう》（岡本天明が移り住んだ三重県菰野《こもの》町の地）で出した私家版の広告が載っていたのです。

それを見て初めて日月神示というものを4冊組みで売っている情報がわかった。

でも、当時自分は10代で、おカネがなくて買えない。

あるとき、神保町の叢文閣《そうぶんかく》書店で日月神示4冊本を売っているのを見かけたのです。6千円です。「6千円だったら買える」と思った。

だけど、そのときもまだ10代で、おカネを集めて1週間後に買いに行った。そうしたら、もう売れていた。

アーッと思った。数年間で日月神示を見たのはその1回だけです。

古本屋でも売っていない本でした。

本屋で販売するには、ヒカルランドみたいに書店コードがあって、取次会社を経由して、在庫管理して、各書店に配本されるという形式をとらないといけない。

自費出版の本は、本屋は置いてくれないのです。

平成元年、コスモ・テンから『太神《ふとがみ》の布告』という本が出た。

それが日月神示のダイジェスト本だったのです。

それを見たときは「オーッ、ついに日月神示が一般書になった」と、ビックリした。

私は、平成2年、三典さんにお会いしたときに、至恩郷の最後の在庫を譲ってもらったのですが、その後、この版は品切れになって、その翌年の平成3年に、コスモ・テンから函《はこ》に青い本が2冊入った『ひふみ神示』が出て、世間に広まりました。

それからみんなが「日月神示」と言うようになったのです。

ちょうど同じころに中矢伸一《なかやしんいち》さんの『日月神示』が徳間書店から刊行されました。

私たちの世代は、あるとわかっても読めなかったのです。

読めるようになったのは平成時代です。

出口王仁三郎《おにさぶろう》の『霊界物語』も、八幡書店の武田さんの『霊界からの警告』(光文社)を読んで知りました。

それで『霊界物語』を読んでみたいと思い、当時、大本教の本を刊行している天声社に電話して聞いたのですが、ほとんど在庫切れで残っていない。

「残っているのはこれだけです」というものを番号飛び飛びで3、6、9、12、75巻だけ、送ってもらって読んだのですが、全然意味がわからない。

『霊界物語』は、平成になって八幡書店から刊行され、初めて読めるようになりました。

それまでは古本屋でもほとんど出ていなかったのですが、時代は進歩しましたね。

こういうことを知りたいと思っても、知識を得られないときのほうが長かった。

話は戻りますが、天明さんは亡くなるまでは、日月神示を出版して、クレパス画を描き、宗教新聞では「西の横綱」にランク付けされ、美術界から新進気鋭と評価され、有名でした。

でも、亡くなった後、霊的に封印されたような状況になった。

天明さんの名前が表《おもて》に出てこなくなったのです。

生前の天明さんに便乗した人のほうは有名になった。今の状況とよく似ています。

当時も、コスモ・テンから本が出る前に、誰が日月神示をもう一回世に出すかということがかなり問題視されたそうです。

世に封印されているものは、世に出す障《さわ》りがある。関わる人は直感的にわかるのです。

世に出さないために、ある意味、呪いがかかっている。

日月神示を世に出したら困る霊的存在が、陰謀論ではないけど、霊的に本当にある。

出す人は命がけになる。命をかけても出すような人は誰だろうという話が本当にあったのです。

そして橋爪一衛《かずえ》さんが『太神の布告』を出した。中矢さんも橋爪さんのところにいて、一緒に活動していたのです。

中矢さんにも日月神示の本を書く使命感があった。徳間書店から『日月神示』が出るまで紆余曲折《うよきょくせつ》あったそうです。

日月神示や霊界物語など一旦封印された霊的な書籍は、覚悟がないと出せないんです。

どこを探しても、何年探してもなかった本が、本が出て広まって、いろんな人の口から出るようになっていく。劇的に変わるのです。そういうことを経験しました。私も天明さんの日月神示や、王仁三郎の霊界物語を「読みたい」というところからスタートしました。

でも、ない。ないから神田の神保町に何度も通い、似たような本、霊的な本を探しました。

大本教の本もないから、分派の兵庫県の肝川龍神『由来記』という電話帳のような分厚い、私家版《しかばん》本を5千円(今は高騰している)で買いました。

読んでみると、神代《かみよ》の時代から艮《うしとら》の金神《こんじん》や75柱の龍神の活動記なのです。元大本信徒だった車小房《くるまこふさ》が神懸かりして分派活動をした、その活動記録もあるから、王仁三郎の名前が出てくる。そういう本しかなかった。

のちに肝川龍神を信仰する人と知り合い、不思議な縁で導かれたのですが、振り返ってみれば、『由来記』が最初の伏線になっていたのですね。

当時、『出口王仁三郎著作集』全5巻（読売新聞社）を叢文閣書店で見つけ、3

万円と高かったのですが、今度は奮発して買いました。

学問的にも非常に優れた内容で、王仁三郎の明治、大正、昭和時代に書いた文章が、分類してまとめられ収録されているのです。

本当は『霊界物語』が読みたかったのですが、著作集に収録された霊界物語の断片を読み、王仁三郎の明治期に書いた文章を読んでいた。

そこから学習が始まっていったと思います。

これらの資料で王仁三郎が万物の活動を「霊力体」と称していたのを知りました。

神様の働きも、艮の金神や金勝要神《きんかつかねのかみ》など、多様に書いていました。

ひふみは「霊」「力」「体」の3つの文字で「霊力体《ひふみ》」だった!?

黒川　王仁三郎が最初に説いた霊力体の世界観を今回レジュメにまとめました。

ひふみ　一二三四五六七八九十　ヒフミヨイムナヤコト
天之数歌《あめのかずうた》　一《ヒト》二《フタ》三《ミ》四《ヨ》五《イツ》六《ムユゥ》七《ナナ》八《ヤア》九《ココノ》十《タリ》百《モモ》千《チ》万《ヨロヅ》
霊《ひ》交《と》活《ふ》力《た》体《み》因《よ》出《いつ》燃《むゆ》地《な》成《な》弥《や》疑《ここの》足《たり》諸《もも》血《ち》夜《よろ》出《づ》　『霊界物語』第三巻　余白歌
霊力体世出燃地成彌凝足諸地夜出　『出口王仁三郎全集』第一巻　皇国伝来の神法

一二三は、「ひふみ」です。日月神示は別名を「ひふみ」という、今までそこだけで我々は完結していたのですが、「ひふみ」は、王仁三郎経由で岡本天明が受け取った数の働きです。

王仁三郎が書いたものには「ひふみ」の働きが、霊力体の3つの文字に説かれています。「霊（ひ）力（ふ）体（み）」と対応しています。

「ヒフミヨイムナヤコト」は天之数歌で、一（ヒト）、二（フタ）、三（ミ）、四

(ヨ)、五(イツ)、六(ムユゥ)、七(ナナ)、八(ヤ)、九(ココノ)、十(タリ)と唱えます。天之数歌は日月神示にも登場します。鎮魂帰神法《ちんこんきしんほう》(神道の修法)のときに唱えます。

王仁三郎は「霊交活力体因……」という漢字に当てていますが、これは普通「ひとふたみよ」なんて読めないですね。当て字で「ひふみ」霊力体と意味を基準にしている。

「ヒフミヨイムナヤコト」は、一から十の数字の意味だけではなく、ヒは火《ひ》・霊《ひ》、フはヒとミの間をつなぐ息《ふき》です。ミは水《み》・身《み》です。

「ひふみ」は「霊体」(ひ)と「身体」(み)を合わせる。「ふ」は当て字で「風」がわかりやすいですが、霊と体をつなぐ息吹(ふ)で、エレメントは風(ふ)です。

「ひふみ」は、「霊(ひ)」と「体(み)」、その間をつなぐエネルギー体として「力(ふ)」の存在がそろって活動すると、王仁三郎は語っているのです。

「霊力体」は、明治時代の本田親徳《ちかあつ》という国学者・霊学者の言葉です。

本田親徳は、鎮魂帰神法を編み出したことで有名な方で、天明さんも実践されました。鎮魂帰神法の概要と実習は『鎮魂帰神法伝習録』小西雲鶴（八幡書店）を参照ください。

本田親徳が鎮魂帰神法で神主（霊媒）に神様を降ろして審神《さにわ》して神示を降ろし、また元に戻す技は、今でもよく語られています。

本田親徳は同時に、国学者で古事記を解説して、宇宙と神々と人間の関係を解き明かしていました。

本田親徳が、宇宙の中心は霊力体の3つから構成されると、最初に明かしたのです。

明治時代の人で、文語調で読みづらい部分もあり、現代ではわかりづらい部分もあると思いますが、「ひふみ」「霊力体」の本田霊学の悟りと、霊力体の働きを本田親徳が文章にまとめたものを紹介します。

一、天地の真象を観察して、真神の体を思考すべし

「天地の真象」とは森羅万象の形、「真神」はまことの神、「観察」は「思考する」ということです。

天地の森羅万象が宇宙の根源のまことの神のあらわれそのものである。それを思いなさい。

これは霊力体の「体」のことを言っています。

一、万有の運化の毫差なきを視て、真神の力を思考すべし

「万有の運化」は宇宙の成り立ち、物事、暦、人生の変転など、宇宙のリズムです。

全てのこの世の流れは「毫差なき」で、天地全ては感応している世界です。

天神感応を体得する。宇宙のまことの神の力、霊力体の天とつなぐエネルギー体だということを思考しなさい。

霊力体の「力」のことを言っています。

一、活物の心性を覚悟して、真神の霊魂を思考すべし

活物（生き物だけでなく全ての存在）の心性（スピリチュアリティー）を覚悟（悟る）して、もとの神様の霊魂と同じだということを考えなさいということを本田親徳は言いました。

本田親徳は明治の中ごろまで、自らの考えを和歌や漢文にまとめていました。

それは弟子に秘密裏に伝授しているような文章でした。

王仁三郎の時代には本田は亡くなっていて、王仁三郎は実際に会っていません。

本田のお弟子さんの長沢雄楯《かつたて》のもとで研鑽《けんさん》するのですが、長沢に会う前、瞑想していたときに、この文章が神示として降りたのです。

大本教ではこれを大本三大学則と言っています。人によっては「これは王仁三郎が本田霊学からパクッたのだ」と言いますが、私の経験でも鎮魂修行をしていると、誰にも話していない秘訣を、ほかの人がネットに書いているのを見つけます。

「エーッ、私の心を読んでいるのか」と思うぐらい、同じことを言う人がいるので、

王仁三郎の言っていることは、まんざら嘘でもないんだろうなと思いました。

テレパシーで伝わっていたということですね。

霊力体の解説は、明治時代の文語体で読みづらく、現代人には難しい部分がありますが、私が『出口王仁三郎著作集』を読んで、すごくわかりやすい文章もありました。

今どきは全部ネットで読めます。

王仁三郎が大正5年に書いた『大本略義』です。


宇宙の内部が一元のままならば、進退もなく動静もない。相対的二元があるから力が生じ、そして其力に相対的二方面が具わる。斯《か》ういう次第だ。大本霊学では、此《この》宇宙内部の相対的二元を捕えて、陰陽ともいい水火とも又霊体ともいうて居《お》る。霊体、火水等は、平生浅薄な通俗的意義に使用されて居るが、爰《ここ》に述ぶる所は、根本の第一義のもの、抽象的のものである。吾々は、之《これ》を意識の上に明瞭に描く事は出来るが、其実体は、之を捕える事は出来難い。爰《ここ》に火水という時は、火水の本体、第一義の火水を指すので、水として象を現わす時は、実は其中に火があり、火として象を現わす時にも、同じく其中に水がある。換言すれば現象の火も水も、何れも各々陰陽二元の一種の結合で、各々特有の力を発揮して居るのである。この事が腑に落ちぬと、自然不可解に陥ちたり、低級卑俗の見解に堕したりして、宇宙根源の真諦《しんたい》に触れる事は到底不可能である。

言霊学から言葉を査べて、霊と体と力との関係が非常によく明白になるのである。元来日本語は世界言語の根源で、諸外国の言語の根本の如転訛《てんか》がないから、音韻の根本義が大変査《しら》べ易く、其方面からも宇宙の神秘、造化の奥妙等を探るに多大の便宜を有する。言霊学の性質、さては日本語と外国語との関係等に就きては後章に論ずることとして、爰《ここ》では単に、霊、力、体の言霊を説に止める。「霊」は本邦の古語では「ヒ」であり、又「チ」である。又「体」の邦音は「カラ」であり、又「カラタマ」である。元来、「体」は霊を宿すべきものので、言わば中身無しの容器である。即ち「体」は殻、空等と同一義を有する。

又古来日本では、韓でも唐でも、すべて外国を「カラ」と呼んで居るが、要するに、外国は体を貴ぶ国、霊性の足りない「空唐国」という事なのである。「力」は即ち霊、体で、霊体二元の結合という事である。霊、力、体の関係が、かく明白に言葉の上にもあらわれて居るというのは、真に驚歎すべきではないか。

出口王仁三郎『大本略義』一元と二元

根源は一元です。二元を、王仁三郎や天明さん、日月神示は、「火と水」と言っています。

古典は「陰陽」の用語が多いが、王仁三郎や日月神示では、「陰陽」を火・水と大和言葉に近い言葉に言いかえています。

「二元」と火・水なのです。「霊体」は霊（ヒ、火）と体（ミ、水）で二分される関係を、王仁三郎はわかりやすく説いています。

ヒノモトの国、「日本《ヒノモト》」と「カラクニ」の密意とは?

黒川　10代の私が『大本略義』を読み、一番心に響いたのは、「体」は「カラ」ということです。

「カラ」は殻、器です。

古代には、外国のことを全て「カラの国」と言いました。

「唐」「韓」国と書いても、訓読みは「カラ」国です。

知識では「カラクニ」とわかっていたのですが、なぜカラクニと言うのか。

「日本」は訓読みで「ヒノモト」です。ヒ（火　霊　陽　一）の元つ国です。外国はカラ（空　唐　器）の国です。

日本がヒノモトとは、霊《ひ》の国、日の国、火の国、一《ひ》の国、根源の国。外国は、二とか三の世界で、カラの国です。

日本と外国は、ヒノモトとカラで相対する関係です。さっき言った火と水の関係です。

人の霊と体の関係、神と人の関係、日本と外国の関係と、言霊が転写されていく。バラバラではないのです。

根源の働きを理解すると、全ては火と水の相生《あいおい》の関係をいうのだと全部わかってきます。

日月神示で、「ひふみ」という言葉は、全て根源の関係性のことを言っていたのです。

我々は最初『日月神示』を読んだとき、「すげえな、いろんなことが書いてある」と思うのですが、それでさえ、あるエッセンスしか読み解けていなかったのです。「ひふみ」とは、どういう意味なのかとは書いていない。わかっている前提で書いてある。

天明さんの周りの人たちは、大本信徒だった人が多く、王仁三郎が解説したものを読んで学習した経験が基礎にあり日月神示を拝読したのですが、現代に拝読する方は、そういう背景がないので「日月神示のここはどういう意味ですか」と当然なります。

「音の日月神示」のイベントでも、私が火水（ヒミズ）や「ひふみ」について、「これとこれは同じ意味なんです」と解説すると、皆さんにエッという顔をされる。その背景にはこういうことがあるのです。

私自身の経験が大本教から入ったので、結果、天明さんと同じになりました。私もこれは知っていて当たり前だと、自分の中で当然に思ってしまうと、細かく検証しないので、初めから説明する機会を今回いただけて、嬉しく思います。

なぜ日本はヒノモトなのか。ヒノモトの国に住む人「ヒト」を、「霊止《ひと》」と字を当てます。これも本田親徳の発案です。霊止は霊が止まる存在で、ヒノモトは「霊の元つ国」、「一つの本」という意味です。ヒトもヒノモトも意味は一緒なのです。

ヒトが住む場所は、全てがヒノモトです。中心はヒトだから、ヒノモトのヒトが韓国にいたら、韓国がヒノモトになります。古代朝鮮にあった夫余《プヨ》は古朝鮮語の火《ぷる》、高句麗《こうくり》の高《こ》は日《こ》だから、名の意味はヒノモトです。逆に、ヒトでなければ、ヒノモトにならない。ヒトで生きたい気持ちがあります。

『霊界物語』の中にも霊力体を説明した文章が最初にありました。

私が17歳のときに読んだ『霊界物語』第三巻にありましたから。読んだ記憶だけはあったのですが、いま読み返すと感慨深いです。

大宇宙の太初にあたつて、きはめて不完全なる霊素が出現し、それが漸次《ぜんじ》発達して霊の活用を発生するまでの歳月はほとんど十億年を費してゐる。これを神界においては、ヒツカ（一日）といふ。つぎにその霊の発動力たる霊体（幽体）なるものが宇宙間に出現した。これをチカラと称へた。チとは霊または火の意味であり、カラとは元素の意味である。この宇宙に元素の活用するにいたるまでの歳月は、また十億年を費してゐる。この十億年間を神界においてフツカ（二日）といふ。

つぎにこの元素に霊気発生して、現顕の物体を形成するにいたるまでの歳月は、また大略十億年を費してゐる。この十億年間の霊体の進歩を称してミツカ（三日）といふ。ここにいよいよ霊、力、体の三大勢力発揮して、無数の固形体や液体が出現した。太陽、太陰、大地、諸星の発生はつぎの十億年の間の歳月を費してゐる。これを神界にてはヨツカ（四日）といふ。

またつぎの十億年間の歳月を費したる神霊の活動状態を、神界にてはイツカ（五日）といふ。イツは稜威にしてカは光輝の意である。この五日の活動力により て、動植物の種天地の間に現出した。いよいよ五十億年間の星霜《せいそう》を経て陰陽、水火の活用あらはれ、宇宙一切の万物に水火の活用が加はり、森羅万象の大根元が確立した。この歳月は六億年を費してゐる。この六億年間の神霊の活用をムユカ（六日）といふ。

かくのごとくして天主は宇宙万有一切をムユカに創造された。それより天主は一大金剛力を発揮して、世界を修理固成し、完全無欠の理想世界いはゆる五六七の神代、松の世を建設さるる、その工程が七千万年の歳月であつて、これをナナカ（七日）といふ。ナナとは地成、名成、成就、安息の意である。七日の神霊の活用完了の暁にいたつて、至善至美至真の宇宙が完成さるる、之を安《な》息日《なか》といふ。

『霊界物語』第三巻　霊力体　安息日

霊力体を出口王仁三郎が『霊界物語』第三巻に書いていました。

『霊界物語』は聖書に似せて書いたところがあり、京都府綾部の出口なおの元屋敷のすぐ近くに丹陽教会というキリスト教会があり、王仁三郎はそこに入り込んで、当時勢いのあったキリスト教の説教や布教方法を内田牧師から学んでいたのです。本来神道《しんとう》には経典がなく、教義教学を布教する観点が弱かった。聖書を元に日本で布教したキリスト教の方法を利用した王仁三郎は、自己の諸説に取り入れることを試みました。

その関係で、「大宇宙の太初にあたつて、きはめて不完全なる霊素が出現し」と始まっている。

創世記は7日間で天地創造します。

『霊界物語』では、「ひふみ」のヒが1日目です。2日目は「フ」の働きです。ヒに合わせて「カラ」（外国）が出現した。

その後、元素の体的な部分が出現して、ミツカ（三日）になり、「ひふみ」がそろった。

ヨツカ（四日）、イツカ（五日）、ムユカ（六日）、ナナカ（七日）と説明して、王仁三郎が霊力体の「ひふみ」を、56億7千万年、かけて『旧約聖書』の天地創造の1週間に合わせて述べています。

宇宙が創造して完成するまでが「ヒフミヨイムナヤコト」！

黒川　「ヒフミヨイムナヤコト」は、一から十の数字を、ただ一が二になりましたと話しているのではなくて、天地創造の宇宙の始まりから完成までを示している。

ヒが霊、フがミとつなぐ風の働き、ミが体で、「ひふみ」がそろうと、宇宙の基本はそろう。

その次にヨが生まれる。「ヨ」は世界です。

「ひふみ」の根元は霊体で人に宿っています。その後、世界「ヨ」が生まれるのです。世界より先に原人（『日本書紀』では原初の神聖たる国常立尊）が存在したことになります。

「イツ」は「出（いづ）る」です。出現する働き（流出）が五なのです。

後に五行など、いろいろ現れがあります。

「ム」は「ムス」です。昔「虫が湧く」と家でお母さんがよく言っていましたが、生物の発生です。燃え上がることは古語で「ムユゥ」と言います。「萌え」もそうです。湧き上がってくるものはム（六）の働きなのです。

「ナナ」は「成（なり）」、完成するものです。

あとは、「（鳥が）鳴く」、「（人が）泣く」、「鳴門」のように、「イツ（五、出づる）」の出現する働きから五六七は派生を司り、成るものがナナ（七）。

「ヤ」は弥（いやさか）です。開いていく姿、創造の力が広がっていく。「コ」は凝り固まるとか集まってくるもの。人の心もそうです。コは九です。「ト」は「足る」です。「足るを知る」のように、完成という意味です。「ヒフミヨイムナヤコト」は、宇宙の根源のヒ（光）から始まり、体ができて、世界ができ上がる、世界より先に人（ヒ）の身と体（ミ）ができている悟りです。

原初に巨人がいたという原人神話が残されています。中国の盤古《ばんこ》とか、カバラではアダム・カドモンというのですが、宇宙の次に人間の原型ができた。インドのヴィシュヌ信仰も同じです。

「ひふみ」の原初の霊体（一二三）が生まれ、その後、世界（四）ができて、新プラトン主義で「流出」（五）と言う、世界が創造の段階になっている。四五六七八まで広がったものは、九で集合して、十で足る（完成する）。「ヒフミヨイムナヤコト」はただ数字を唱えているだけではなくて、宇宙が創造してから完成するまでの形です。

過去の回でも何回かご説明しましたが、大八洲《おおやしま》とか八百万《やおよろず》の神と言ったときは

「八」がつきます。「八」は開いている姿です。八百万の神なのですが、実はまだ完成していない。

まだ、これから生まれてくる世界があり、九(コ)と十(ト)は現界で現れていない。

十進法で十(ト)まで出たら完成するのですが、この世界はまだ八の世界ですよと、日月神示には何回も出てきます。

今回、『相似象』(機関誌)を読み返したら、楢崎皐月《ならさきこうげつ》も同じことを書いていました。

「九十」とあるので、おお、カタカムナの楢崎皐月も数霊学関連で読んでいるじゃないかと思いました。

そういう世界観の前提があり、「ヒフミヨイムナヤコト」「ひふみ」と天明さんは書いていた。こういう世界があると、前提で言われてきたのです。

「神は万物普遍の霊」⦿は王仁三郎の拇印!?　「人は天地経綸の司宰者」——「神人合一」への流れ

黒川　もう一つ、わかりやすいもので、王仁三郎が初期の頃の自分の悟りを、後に「大本教旨」としてまとめます。すごく短い文章です。

神は万物普遍の霊にして人は天地経綸《けいりん》の司宰者《しさいしゃ》なり。
神人合一して茲《ここ》に無限の権威を発揮⦿

という言葉を残しています。

神と人の関係を王仁三郎が悟って、文章にしたものです。

「神は万物普遍の霊」は、神は万物をつくった創造主にして、同時に万物に内在するということです。

「万物普遍の霊」は、全ての創造された万物の中にある根源神のかけらをいいます。

全ての創造物と神がつながっていることを「万物普遍の霊」と言っているのです。

その霊は、ヒから始まった全ての創造物の中に宿っているという意味です。

前段の神に対して後段は人です。「人は天地経綸の司宰者なり」の「人」は、霊《ひ》止《と》です。「天地経綸」は、天地（宇宙）の計画・進行をいいます。

人はそれを司宰する。中心の進行係である。

人は宇宙の天地経綸の進行係で託されていると言っています。

「神人合一して」とは、神と人は分離されたものではなくて、神と人が合一したことによって、無限の神力を発揮すること。

普通の有機体の人が神と合一することによって「無限の権威を発揮」する。

「発揮⦿」の「⦿」はスと読みます。現代語で言う「する」を文語表現しています。

原文は「す」ですが、昭和6年に綾部の本宮山に石碑を建てたときに「⦿」を当てています。

語尾は文章の締めです。そこに「⦿（ス）」という根源神のシンボルを使って、全て神に戻っていく形をここに当てはめているのです。

「⦿」は王仁三郎の拇印《ぼいん》でもあるのです。王仁三郎が拇印を押すと、なぜか真ん中がちょっと欠けていて、⦿になるという有名な話があります。

王仁三郎が、宇宙の神の経綸に自ら認め印を押している意味もあるのです。著書『岡本天明伝』（ヒカルランド・以下「天明伝」と表記）にも書きましたが、王仁三郎が石碑をつくるとき、ちょうど満州事変がありました。

建碑の準備は10年近く前からしていたのですが、建碑するときに、物騒な時期、これから日本を含めて世界が激動の時代に入ることを予知した。建碑して10日後に満州事変が起きます。これが起きてから、大本教は政治運動みたいな感じになっていくのですが、天明さんはそれに先立って東京に

増補改訂版
岡本天明伝
[日月神示]夜明けの御用
黒川柚月
初めて明かされる雛型神業の足跡！
『日月神示』を直受しながら、天界の姿をこの世に写す雛型神業を演じていた岡本天明。
日本全土を巡る交友を調べ上げた名著に新情報を追加。
生誕150年目の出口王仁三郎から岡本天明へと託されたバトン預言！
ヒカルランド

派遣されて、人類愛善新聞社の編集長に就任します。

一連の動きと天明さんの人生は既にリンクしているのです。

そういうおもしろさがあります。

もともと神話に出てくる言葉が「一霊四魂」だが、その働きは神話には一切出てこない!?

黒川 最近は「一霊四魂《いちれいしこん》」という言葉がスピリチュアルの世界にも広まっていますが、どうも知識だけになっています。

なぜこういう言葉が日月神示で使われているのかと問えば、根拠があるのです。

一霊四魂は、荒御魂（アラミタマ）、和御魂（ニギミタマ）、奇御魂（クシミタマ）、幸御魂（サチミタマ）で、もとは『古事記』『日本書紀』（以下、記紀神話）に出てくる言葉です。

ただ、四魂の働きということは、記紀神話には一切出ていないのです。四魂は、あくまでも本田親徳が魂の働きを説明するために古典の言葉を当てはめていたもので、神話学には当てはまらない概念なのです。

神道学者の中には「そういうものはない」と批判する方もおられます。霊魂を説明する哲学の用語として、古代語の神話の言葉を使っているにすぎないということは、一つ頭に入れておいたほうがいいです。

四魂は、荒御魂、和御魂でなくてもよかったのです。実質、四魂は近世江戸時代から明治時代に創出された概念です。

それ以前は陰陽五行説の水火木金土（スイカモクコンド）の元素に由来する概念で、江戸時代の吉田神道から伯家神道《はっけしんとう》において神話の荒御魂、和御魂に当てはめられたのです。

5つの働きを五行といい、冬は水、春が木、夏が火、秋が金、真ん中の土は暦の土用を取り込み、万物の生成を説明しようとした。江戸時代までの人はそういう形で説明したほうがわかりやすかったのです。ご神示の中でも、五行のような言い方で説明する部分があります。

龍宮の神の働き「八力《ハチリキ》」
大本と日月神示は「八の力」でつながっている!?

黒川　「ヒフミヨイムナヤコト」の一（ヒ）は1という意味だけではなくて、火の意味があるとはさっき説明しましたが、五の数字には一霊四魂や五行の意味があることを、天明さんは念頭に置いていました。

また、日月神示には八という数字もよく出てきます。

それは数字の8を単に述べたわけではないのです。

本田親徳は、「霊力体」の三元の力は、8つに分かれていると教えています。動と静（動くものと静かなもの）、引と弛（引くものと緩むもの）、凝と解（固まるものと解けるもの）、分と合（分けるものと合わせるもの）という8つの力の展開です。

細かく言うと、本田親徳は八力《はちりき》に、古事記神話の神を当てはめています。

8つの原理は2つずつセットになっていて、4つの原理になる。4つの原理は2つに還元される。

2つは、霊力体の2で水火《すいか》であり、1になれば霊的根源になる。
一、二、四、八という、細胞分裂みたいな動きです。
ヒフミヨイムナヤコトと呼んでいるものが本当の数霊なのです。

一（ヒ）が二になって、四が八になる。これは易ですが、数霊です。

「ありがとう」は117、「ごめんなさい」がいくつということが数霊ではない。

ヒフミヨイムナヤコトこそが本当の数霊であることを覚えていただき、こういう世界観もあるのかと思われながら、五とか八の数に接してみてください。

八力は、大本では龍宮の神の働きと言われています。

八力の龍宮の神を祀る兵庫県の鉢伏山《はちぶせやま》に、「八力の神」の石碑が建っています。

昔の大本信徒は、八という数字を見ると、これは龍宮系だとわかります。

出口なおが、「八日立ち」といって、いつも旧暦八日からご神事に旅立ったのです。

八は末広がりでエネルギーがどんどん出てくる形です。湧き上がるもの、龍宮界からのエネルギー体です。

それに乗ってご神事をしていたのでしょう。

天明さんも、もちろんそうです。暦を見ると、天明さんは何の日に動いたのか、ちょっと予測がつきます。当時の大本信徒は、八の日に動いていることが多いからです。その8のエネルギーに乗っている。

日月神示を見ると、大本と似た文言があるから大本系統だという判断は、学理的な認知です。そうではなくて、同じ八の日で動いている。大きな霊的な経綸の中で動いている。同じ系統の型だから、同じエネルギーでないと動けない。違う数字を出してくると、これは違うかなと思いますが、その辺は天明さんが合わせているのです。

天明さんは、出口なおが背後で霊的に働いたのではないかと、私は感じています。

中心を行く道「五」と「霊五体五」中心を行くエネルギー体について

黒川　日月神示に五・五と書いてあるところがあります。

五・五とは何か。霊と体のバランス関係が五・五だと王仁三郎は書いています。

一から十でバランスを取るのに、霊が九で体が一だったら、霊が大き過ぎる。

人間として活動するには、霊体のほうが強くなり過ぎる。逆だと、人間のほうが強過ぎて、霊的な力が弱くなる。

霊と体の関係は五・五という、「霊五体五」という単語が、王仁三郎の文章に出てきます。

九星の魔方陣で一から九まで数字を入れていくと、五が中心になります（52ページ図）。

4	9	2
3	5	7
8	1	6

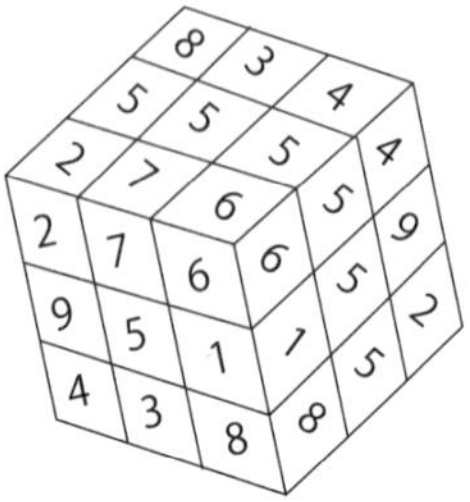

九星魔方陣と、立体にした状態

五・五は中心を行く道です。九・一と書いていたら、九から一に縦一文字に切り下げる。二八に袈裟に切ると指示をします。

九星は、平面からルービックキューブのような立体（52ページ図）として捉えます。そのときの中心にあるエネルギー体の五という意味合いも含んでいます。

拍手とは体の中の「ひふみ」の一（ヒ）と三（ミ）を合わせる働きのことをいう！

黒川　わかりやすい説明をしましょう。

日月神示には拍手の作法が指示されていますが、左はヒダリ（火垂り）です。右はミギリ（水鑚り）です。拍手は左右「火《ヒ》・霊《ヒ》・一《ヒ》」と「水《ミ》・身《ミ》・三《み》」を合わせる所作です。身体の中には「ひふみ　一二三」の、「火・霊・一」と「水・身・三」の、一（火）と三（水）が絶えず存在します。これを合わせる働きが拍手です。だから、御神前で拍手を打つのです。

なぜ拍手をするのか。左と右の手を合わせて、人が火水の宇宙の創造を再現しているのです。

『古事記』には「高天《たかま》の原に成りませる神の名は、天之御中主神《アメノミナカヌシノカミ》。次に高御産巣《タカミムス》日神《ビノカミ》。次に神産巣日神《カミムスビノカミ》……」と、造化参神《ぞうかさんじん》が出現します。

日月神示や大本では、左（ヒ）がタカミムスビノカミです。右（ミ）がカミムスビノカミです。陰陽、火と水です。タカミムスビとカミムスビがパーンと打ち合う。王仁三郎は拍手の擬音を「タカ」と聞こえると言います。我々は「パーン」に聞こえますが、王仁三郎はタカミムスビとカミムスビが合体するから「タカ」と、擬音で説きました。

では、人が拍手するとき、造化参神のアメノミナカヌシはどこに坐《ま》すのか。『古事記』では、アメノミナカヌシが最初に生まれました。アメノミナカヌシノカミは身中主だから軸に当たる存在です。

人が拍手するとき、体の正中で打つ拍手の音の中にアメノミナカヌシが臨在するのです。

拍手の所作で、造化参神がそろうのです。

「機を見る」「未然」から神道の思想はつくり出されていった……

黒川　拍手によってアメノミナカヌシは出現したとも言えるのですが、拍手をする前から既にアメノミナカヌシが存在しなければ、造化参神の出現がなければ、この世界は存在し得ないとも言えるでしょう。「機を見る」の「機前《きぜん》」という原初の状態を知りたい欲求は、中世に伊勢地方を舞台に最初の思索をつくり出していった伊勢神道の流れにもあります。

アメノミナカヌシノカミを祀っている神社はすごく少ないので、実在の神ではないのではないかとも言われています。根源の中に初めから存在している神だから、祀りようがないのです。ほとんど妙見信仰《みようけんしんこう》に合わせて、後にアメノミナカヌシと解釈したので、アメノミナカヌシを祀ることがありますが、本来はどこにも祀られていない。

機前に存在する神だから、ある種、祀りようがないのです。

神社に参拝するとき、普通、参拝者は正中を避けて右寄りか左寄りで拍手をしますが、祭主は正中線で所作をします。

正中線でなければ物事は成就できないのです。ハサミを使うにも正中線で使う。彫刻刀や鑿《のみ》も正中線で使う。人の日常の所作の中に、アメノミナカヌシ神は存在するのです。

日本の最初の哲学者は空海と言われますが、神道思想はもともと存在しませんでした。日常の生活がそのまま神道だからです。当たり前、過ぎたのです。

大陸から仏教が伝来して、お坊さんが仏教の教学を研究して、日本の神話も取り込んだ。

最初は真言密教のお坊さんが、日本の神話とか神道とインド思想の接点を思索したのが、両部《りょうぶ》神道《しんとう》です。伊勢神宮の外宮内宮の神官たちが、仏教の影響を受けながらも初めて自分たちの信仰する神を思惟《しい》して、伊勢神道をつくります。

その伊勢神道の人たちが追求したのは、「原初の姿」です。天地創造、古事記で言う「高天の原に成りませる神の名は、天之御中主神、高御産巣日神、神産巣日神」のあらわれた姿を、自分たちはどのように受け継ぐか、その世界を理解し、思惟の海に入っていった。

宗教哲学は、古今東西、全ての宗教思想において「原初の姿」を探求しました。古代エジプトのテーベでは、世界の原初は水だけであって、水から最初に干上がり、島ができ、そこから人類が誕生したと、古事記神話のオノコロ島と同じようなことを言っています。

千年近く前、伊勢神道では、「機前」という言葉を使いました。「機を見る」という言葉がありますが、機は瞬間をいいます。その機の前を見る。機が起きる前を認知するのは難しい。機前は禅の用語だそうです。

「未然」という言葉もあります。聖徳太子の『未然本紀』もあって、未然は予言の意味ですが、未来に起こることを読む予言だけでなく、天地が創造される前の世界に思いを巡らすのも「未然」ですし、または「機前」なのです。

その世界がアメノミナカヌシノカミなのです。

拍手するとき、機前とは人が拍手する前の両手を広げる形が、既に機前になります。

武道では「先《せん》の先《せん》を読む」と言いますが、先の先、ないしは未来から逆転して、機前を読むことに相通じます。

日月神示の九巻、「キの巻」は、現在は片仮名の「キ」を当てます。

本当は「気」の異体字の「炁」なのです。

天明さんは「炁」と書こうと思っていたと思うのですが、戦後の当用漢字二千いくつの中に入れないと怒られるというので、「キ」にした。

九巻の「キ」も、一から八までの世界と、九と十の世界の間の階《きざはし》の炁です。

「キの巻」は、「先天の炁」を神示の形で文章にしていますが、今説明した機前の世界をあらわしています。「キ」でしか表現できなかったのです。

本当は道院・紅卍字会《こうまんじかい》で使っていた「先天の炁」を意味する漢字「炁」が正しい。

⦿（マルチョン）は宇宙の誕生ないし誕生以前の象徴

黒川　⦿の「ヽ」は、宇宙の最初、誕生ないし誕生以前の象徴です。全ては「ヽ」（ホチ）から宇宙のビッグバンみたいに始まって、ヒフミヨイムナヤコトという一つの完成未来形が外側の○です。⦿は、宇宙の「ヽ」から始まって、森羅万象全て、宇宙ができ上がってくるプロセス全てを簡単な図形であらわしています。それを神示では、「カミ」と読んだり、「ヒ」と読んだり、「ス」と読んだりします。

この形は、天明さんの発明ではなくて、江戸時代からありました。資料には山口志道の『水穂伝《みずほのつたえ》』の「布斗麻爾御霊《ふとまにのみたま》」を載せました（61ページ図）。

もう一つ、私が言霊と言うネタの「真素美鏡《ますみのかがみ》」（真澄鏡）という音符表があります（61ページ図）。

この七十五音の音韻表で鏡の真ん中は「す」です。「真素美鏡」は長方形になっていますが、本当は森羅万象をあらわすマル（〇）で、「す」が「ゝ」に図相化したものだと思います。

真素美鏡の音符表では、下段に「あおうゑい」と書いています。音韻としては右下の「あ」から始まって、左上の「き」で極まる。

音符表の真ん中の「す」、図形で⦿（マルチョン）と説明するものは、本当は立体です。球体で真ん中に「ゝ」がある。カタカムナの八咫鏡《やたのかがみ》図象（61ページ図）も本当は球体だと言われています。

八咫鏡図象の八方位の〇にあらわしているのも球体だと思います。中心の「ゝ」を「ホチ」と言いました。

天明さんが日月神示で書いている「ひふみ」、「霊力体」には注釈が多く必要だと認識しました。それを書くと何ページにもなってしまいます。

⦿（マルチョン）は宇宙の誕生ないし誕生以前の象徴

	顯外		天津中道	幽内		
天之座	き	け	く	こ	か	歯之音
	ぎ	げ	ぐ	ご	が	
	ち	で	づ	ど	だ	
火之座	ち	て	つ	と	た	舌之音
	り	れ	る	ろ	ら	
	に	ね	ぬ	の	な	
結之座	ひ	へ	ふ	ほ	は	口之音
	し	せ	す	そ	さ	
	じ	ぜ	ず	ぞ	ざ	
水之座	ぴ	ぺ	ぷ	ぽ	む	唇之音
	び	べ	ぶ	ぼ	む	
	を	め	む	も	ま	
地之座	以	え	ゆ	よ	や	喉之音
	ゐ	江	う	を	わ	
	い	ゑ	う	お	あ	
	歯	舌	口	唇	喉	

真素美鏡

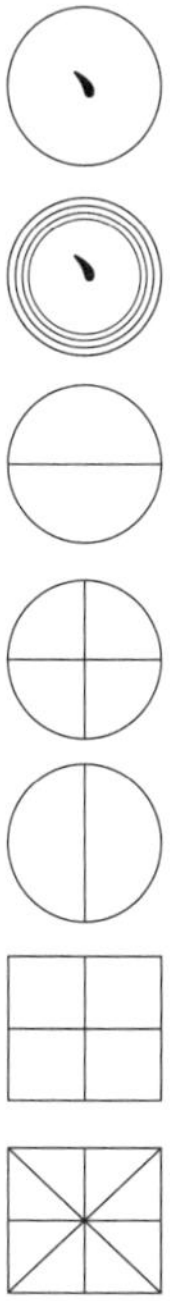

布斗麻爾御霊

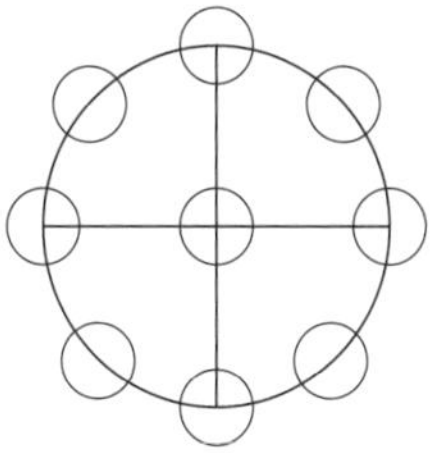

カタカムナの
八咫鏡図象

それを大まかに、こういうものかなと考察しながら読んでいくと、より深くわかるのではないかと思います。

第二部

高天原の「原」は「母胎」の「肚」である！

——『日月神示　日々瞬間の羅針盤』解説篇

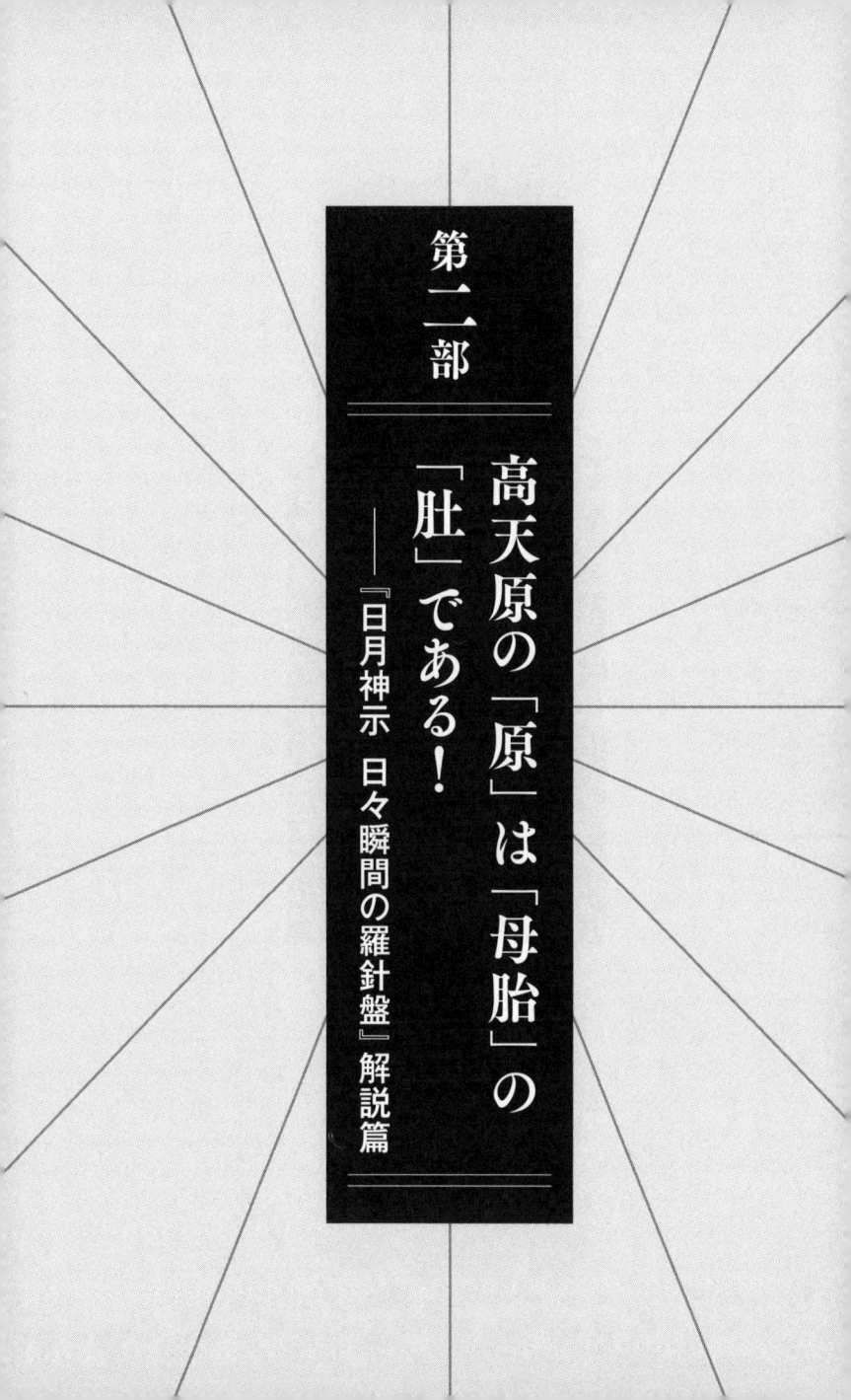

【日月神示】
日々瞬間の羅針盤
ひらいて今をむすぶ
岡本天明[著]
中矢伸一[校訂]
大野 舞[illustration]
ヒカルランド

すわ☆水鈴 Spica（以下スピカ） 皆様、ご神示を引いていただいてありがとうございます。では、いただいたご神示を読み上げさせていただきまして、黒川さんにご解説いただきます（すわ☆水鈴 Spica 氏：音・楽器に関する幅広い知識と類まれなる歌声を持つ。天性の感覚で歌を降ろし、楽器を奏で、舞で表現する多彩なアーティスト）。

まず、『日々瞬間の羅針盤』からです。三二五番、S様。ありがとうございます。

三二五

この道は先に行くほど広く豊かに光り輝き、嬉し嬉しの誠の惟神の道で御座《ござ》るぞ、神示よく読めよ、どんなことでも人に教えてやれるように知らしてあるのざぞ。

黒川 さっそく先ほど解説した『老子道徳経』とおりの内容が出てきました。老子の道（タオ）です。道から一が生まれ、一から二が生まれ、二から三が生まれ、三から万物が生まれる。まさに道です。

老子では「一二三」だけれども、日月神示では「ヒフミヨイムナヤコト」の〇九十（真）の道まで至ります。

神道を古くは「随神之道《かんながらのみち》」と言います、「かんながら」は「神流れ」の意味ともされ（川面凡児《かわつらぼんじ》の説）、「神の（御心の）任《まま》」ということです。

「神の流れ」も「道」も同じ意味です。流れゆくものは「ヒフミヨイムナヤコト」という数霊の流出です。

天地創造の働きだから、「広く豊かに」、八で広がっていく道、まさに末広がりです。

「神示《ふで》よく読めよ」の「ふで」は原文に「二て」と書いてあります。「ひふみ」の「ふ」です。ヒ（霊）とミ（体）をつなぐ「ふ」の流れるエネルギー体が「二て」です。

「神示《ふで》」の「二て」は神の両手という意味もあります。拍手で火と水を合わせる「二手《ふて》」、神の両手です。

「どんなことでも人に教えてやれるように知らしてあるのざぞ」、まさにさっき機前とお話ししたみたいに、質問の答えが先に出ている。

神事をやっていると、本末逆転することがある。答えからスタートして、そこに至る道を逆に探求していく。

そういう不思議な経験は私も何度もあります。今またここでその経験をしてしまいました。

スピカ　では、次、参ります。四四八番、I・N様。

四四八

禁欲は神の御旨《みむね》でないぞ。欲を浄化して、生めよ。産めよ。今の人民、欲の聖化を忘れて御座るぞ。欲は無限に拡がり、次々に新しきもの生み出すぞ。欲を導けよ。

黒川　これもさっきと全く同じ解説になってしまうのですが、キリスト教では人間の欲を捨てろといいます。

戒律宗教は欲を神の前に捨てていくことで、自分を聖化、純化していくのが信仰の道だと説いているのですが、密教の世界では、欲も燃料にするのです。

人間には性欲や生存欲があります。その欲を燃料にして、火にくべて、燃やすことで、護摩《ごま》の火になって浄化する。護摩の火も、薪《たきぎ》がなければたけません。

そのもとの燃料、種《たね》が人の欲から始まるのです。その欲を利用する。

ご神示では、欲は「ヒフミヨイムナヤコト」の道の土台です。欲でも構わないのです。

欲も末広がりで浄化されていって、禊《みそ》ぎされていく働きとなる。

「生めよ。産めよ」は、『旧約聖書』の神の言葉ですが、今回も説明した「ヒフミヨイムナヤコト」の数霊の働きが「生(産)む」働きです。

「ムスビ」は六、結ぶという意味です。発音は「ムユゥ」です。「生(産)む」は六の働きです。

大和言葉は子音が数字に関して倍音になっていて、「ひふみ」の三(ミ)と六は

「ム」です。「ミ（MI）」と「ム（MU）」は同じ「まみむめも」（マ行）です。

三と六は倍数です。ミからムが生まれるとも言えます。

同じように、四（ヨ　YO）と八（ヤ　YA）はヤ行です。三（ミ）と六（ム）は、ミ（身）からム（産）が生まれる。数霊から、そういう読み方ができます。

スピカ　「ひふみ」だとすると、その欲とか意欲を燃やして「ム」。

黒川　音楽で言うと、パンとオクターブ上がるように、ミからムに上がる。「ヒフミヨイムナヤコト」は、一から順番の動きもありながら、数霊としてミ（3 MI）からム（6 MU）、ヨ（4 YO）からヤ（8 YA）となる。もう一つ、イツ（5）のイは不定冠詞でツ（5 TSU）とト（10 TO）はタ行です。

神話の生御魂（イクミタマ）、足御魂（タルミタマ）も5、10になっています。

スピカ　欲を導く。生めよ。産めよ。皆さんも生んでください。

すばらしいご解説でした。

スピカ　三二三、S・K様。

三二三

一二《ひつき》の⦿にひと時拝せよ、⦿の恵み、身にも受けよ、からだ甦るぞ、⦿の光を着よ、み光を頂けよ、食べよ、⦿ほど結構なものないぞ、今の臣民、ヒ（日）を頂かぬから病になるのざぞ、⦿の子は⦿の子と申してあろうがな。

「一二の⦿」は「神（カミ）」と読むのですか？　「ス」でしょうか。

黒川　どっちでも。これは漢字の「神」と読めますが、数霊でもう一回読み通すと、全部つながっています。

「一二の⦿（神）にひと時拝せよ、⦿（神）の恵み、身にも受けよ」の「身」の原文は三です。きょうここで解説した「ひふみ」の霊力体の働きを、この構文が実はそのまま説明しています。「一二の⦿を三にうけよ」です。

「からだ甦る」の「からだ」も身（ミ）です。ヒノモトとカラクニで説明したカラクニがカラダになります。一二（ヒツキ）はヒノモトの象徴です。

「ひふみ」とヒノモトとカラという、きょう説明したものがそのままこの文章に入っています。

「⦿の光を着よ、み光を頂けよ」の「光」のヒは一です。カラダ（三）からヒカリ（一）に戻っているのです。

この神示、原文は「地つ巻」第九帖冒頭の神示で、「食べよ」原文では「たへ」ですが、後にTのアルファベットで書いています。

数霊でいうと、さっき五と十と言いましたが、T音が「食べよ」のタで、「食べよ」のタ（TA　足る）です。

「食べる」という言葉は、「賜る」という言葉の類語です。ただ食べるのではなくて、賜っていただくことが「食べる」です。

「とほかみえみため」という言葉があります。

「とほかみえみため」は古い言葉で、平安以前の口語が現代まで残っていて、ほぼほぼ意味不明に近い。

「とほかみえみため」の「ため」は「〜給え」で「食べる」と同じ意味だから、「神の光を受けたまえ」は「神の光を食べる」と言ってます。

神の光を受け賜る。と言っても光はムシャムシャ食べられないから、受け賜る。

神の光、神の力は受け賜るものです。それを人に「食べよ」と言っている。

「◉ほど結構なものないぞ、今の臣民、ヒ（日）を頂かぬから」の「日」は「ひふみ」のヒに戻っています。

霊力体、「ひふみ」の最初のヒをいただきなさいと言っているのです。

「ヒ（日）を頂く」といっても、太陽の光を口から食べることはできない。

どうするかというと、一つはレイキみたいに手で受け賜る。ヒーリングの技法にありますね。

もう一つは、頭頂から光を受ける方法です。頭のてっぺんは第7チャクラです。

人間は頭頂から霊的なものを受け取ることができるのです。

「ヒ（日）を頂け」という指示には、こういう意味があるのです。

天明さんはこのことを完全に理解しており、こういう指示が出てきています。これはこじつけでもなんでもありません。

「夜明けの巻」第一帖にも「キであるぞ」と、同じ趣旨の神示があります。かなりヨガ的な解釈です。天明さんは『水穂伝』を読み、これをわかって受けています。

食べるというのは口で食べるだけではなくて、エネルギーを受け賜る、神の光を頭頂の泥宮《でいきゅう》で受け、クンダリーニの逆で、丹田に降ろしていく。

そういう技法自体を天明さんがご存じだから、神と感応して、神示として降りてくるのです。

スピカ　神の光、恵を給ひて、光の通り道になる。

黒川　スの神の子はそういうことをすることができると言っているのです。

スピカ　すばらしいです。

黒川　これは深い読みができますね。

スピカ　きょうのお話と本当にシンクロしているメッセージが多いですね。

では、次、二二八、T・M様。

二二八 下の⦿が上の⦿の名を語って来ることあるぞ、それが見分けられんようでは取り違いとなるぞ、十人位は神示が宙《ソラ》で言える人を作っておかねばならんぞ。

スピカ 「神示が」は「ふでが」がいいですかね。

黒川 「下の⦿（かみ）が上の⦿（かみ）の名を語る」というのは最近流行っています。

スピカ いたずらとかありますね。

黒川 大日月なんとかと名乗っている、まさにまさにそのことを言っているのです。

しかも、読んだら、日月神示にはウソが混じっているから読んではならぬとか、こっちを読みなさいとか、「はあ?」みたいな内容だった。

「それが見分けられんようでは取り違いとなるぞ」、そのとおりです。

「十人位は神示が宙で言える人を作っておかねばならんぞ」の「十人」は「ひふ

み」の一つの単位です。

3人とか7人とかが出てくるのですが、大本時代から「三人、世の元」という言葉があります。大本では出口なお、王仁三郎、出口すみの3人を実質指しているのですが、3人というのは、さっき言ったように、一が二を生み、二が三を生み、三が全てを生むという最小限の家族の形です。

その3人がもとになって、その下に7（成る）人がつくことによって、合わせて10人で、「ヒフミヨイムナヤコト」がそろう。

その人たちの御魂をそろえてつくっておかねばならぬぞという戒めです。

スピカ 降ろされた時代に、実際の10人ということもあり、また、たとえとしての両方ということですか。

黒川 両方あるのです。おのおのの時代に、活動するにあたって中心になる最低限3人がいて、その後、それを伝える7人がいる。

また7の倍数で、7×7で49人になっていくと言われております。

「三柱と七柱揃うたら山に行けよ」10人そろったら榛名に行けとかね。榛名には実際は10人もおらず、3人しかいなかったんだけど、象徴的な意味で、冒険の最小カンパニーとして行く。

榛名は群馬の榛名だけでなくて、東京《ハルナ》という意味もあります。都という意味です。

スピカ　では、次に参ります。二二九、H・Y様。

二二九

悪いことは蔭口《かげぐち》せずに、親切に気つけ合って仲良う結構ぞ、蔭口世を汚し、己汚すのざぞ、聞かん人民は時待ちて気つけくれよ、縁ある人民、皆親同胞《おやはらから》ざぞ、慢心、取り違い、疑いと我《が》が、この道の大き邪魔となるぞ、くどいようなれど繰り返し繰り返し気つけおくぞ。

黒川　最初は教訓的なことです。「時待ちて」はすごく重要です。

「時」は、「時節」という神示の言葉から来ているのです。「時」は、神示の中では秋を兼ねていきます（五行説に由来）。「秋」はトキと読むと、岡本天明夫人の三典さんは教えてくれました。「時が来る」というのは、ある瞬間という意味と、収穫の秋で、聖書に由来していますが、全ての物事を修めて、収穫のときに備えなさいということです。

スピカ　実際の秋ということだけではなく、何事も実りの時を待つ。

黒川　そう。実りの時を待つ。それまでの間の農作業は雑草取りとか虫よけとかいろいろある。春、種まきしてから秋までの期間、紆余曲折を経て秋を待つのです。

スピカ　人生も、何事も時があるぞと。

黒川　その間に「蔭口」を言ったりせず、「親切に気つけ合って」時を待って、収穫を得なさい。

「縁ある人民、皆親同胞《みなおやはらから》ざぞ」の「同胞《はらから》」という言葉は、よくありますが、同じお母さんから生まれたということです。

もともとは母系相続の時代の話で、血のつながりをいいますが、根源的には高天原の「原」は「同胞《はらから》」の肚《はら》です。高天肚《たかあまはら》。

同じ腹から生まれたというのは、同じ宇宙から生まれたということ。全ての人間は本当は「同胞《はらから》」なのです。

スピカ　神の腹から生まれた。

黒川　「すべては大神様の中（肚）に人は暮らしている」と天明さんはいつも話を締めた。

神の外にいるのではない。神の中にいる。

神の腹の中で生まれて、ずっと腹の中にいる。それが高天原という意味です。

スピカ　人類皆きょうだいという感じですね。

黒川　西洋のように神と人は隔絶されていないのです。

生き物は腹から生まれてオギャーなんですけど、腹の中で暮らしている。腹から出ていないのです。それが「同胞《はらから》」です。

それに気づけば、「蔭口」とか「慢心、取り違い」は本来ない。

「くどいようなれど繰り返し繰り返し」は、気づきがあるかどうかということだと思う。

価値観が転換して、今まで自分の置かれている大変な時期、収穫に至るまでのいろんな出来事の意味合いがわかってくるのではないでしょうか。

スピカ　人類皆きょうだいで仲よくまいりましょう。

スピカ　次のお方です。四九二、Y・A様。

> **四九二**
>
> 神にまかせ切ると申しても、それは自分で最善をつくして後のことぢゃ。努力なしにまかせるのは悪まかせぢゃ。悪おまかせ多いのう。

この「神」は☉で書かないのですね。

黒川　これはかなり後半のご神示かと思いますね。日常のことに対する諭《さと》しに似たことだと思います。

スピカ　「まかせ切る」。よくやっちゃいます。

黒川 王仁三郎は、「惟神《かんながら》中毒」という言葉を使い、何事も「惟神」と唱えて放棄する姿勢を戒めていました。昔の大本信徒に、「惟神だから」と言って、自分の努力をやめてしまい、どんなことも「これは惟神」と言って逃げる人がいたそうです。
王仁三郎は、「それは惟神中毒であって、惟神ではない」と戒めた。

スピカ 何となくわかる気がします。

黒川 自分の本分は全て、尽くせるものは最後まで尽くして、あとは「神にまかせ切る」。

まさにこのとおりですね。天明さんの言葉そのままが反映されて出ているのだと思います。

ひかり教会の中でも、富士山が噴火して、戦後に天変地異が起きて、ほかの人たちはみんな死んじゃうけど、天明さんの近くに住んでいれば自分たちだけは大丈夫みたいなことを考えている人が多かったそうです。

私も若い頃、小川さんから直にお聞きしました。そういう心根で生きていくと、日常に身も入らないから、村人たちから「変な人たちだ」と言われていた。そうではないだろうと、天明さんのところに集まり、集団農業をするなど、その日その日の生活を精いっぱいに生きて、その延長線上でご神示を読むという集団生活が始まった。

ただ単に、天明さんの近くに住んでいれば助かると言ってぽかーんとしていればいいと、そういうことではないと思います。

スピカ　ご自身の努力と、おまかせ、その両方。五・五みたいな感じですね。身の努力と神の力。

スピカ　では、次のお方です。一四二、K・A様。

> **一四二**
> 岩戸は開かれているのに何しているのぞ、光が射しているのに何故背を向けているのぞ、十の仕事して八しか報酬ないことあるぞ、この場合、二は神に預けてあると思えよ、神の帖面誤りなし、利子がついて返って来るぞ、マコトのおかげは遅いと申してあろうがな。

黒川　「岩戸は開かれている」の題材は天岩戸の神話からとられています。日月神示の原文は「岩戸」を「一八十」と書いているのです。それをイワトと読む。

「一八十」を、きょう話した「ヒフミヨイムナヤコト」の話に重ねると、「岩」は一から八の世界です。

ヒフミ……ヤは八で、開くを意味します。八百万は、多数の意味で、この形而下《けいじか》の世界は、八の大八洲（おおやしま）です。岩（イワ）です。戸（ト）は九と十のまだ開かれていない世界です。

国産み神産みの途中で、イザナミが身まかり黄泉《よみ》の国に行き、イザナギとイザナミは仲違いして2人の間に千引岩《ちびきいわ》（九十戸）を置いて夫婦別れしてしまった。九と十は出現していないから、この世界はまだ一から八の世界の大八洲なのです。「岩戸」で、十（ト）はもう開かれているのです。戸（ト）は開いていると言っています。

五度の岩戸閉めの後、イザナギとイザナミは日月神示「日の出の巻」に捉えられているのですが、昭和20年、原爆投下後、閉められた扉はもう開いている。開いていることに気づきがあれば、閉ざされた5つの扉は、既に全て開いている。人の心のあり方を、岩戸開きで説いているのです。

まず人の心から岩戸を開くことによって、八の世界が十の世界になる。平面世界から立体世界になると天明さんはおっしゃっていました。

そのことをここでもまた言っている。

「光が射しているのに何故背を向けているのぞ」は、十の世界の光が射しているのに、十（足る）に気づいていないから、八のところを閉ざしてしまって、光が見えていない。

「十の仕事して八しか報酬ない」は、九十は来ていないということです。

岩戸が閉まっている。一八（イワ）だから、岩にとどまり八までしか来ていないことを言っています。

残りの二つ、九十（コト）は神に預けてある。あと2つの宝は、神の世界にあっても降りてくる。もしくは、実はもう手に入っているのに、本人が気づいていないから、「岩（イワ）」でとまっている。

「神の帖面誤りなし、利子がついて返って来る」は、九と十の宝をもういただけることを言っている。

「マコトのおかげは遅い」の「マコト」は、原文では「〇九十」と書きます。

「二は神に預けてある」の「二」は「マコト」のコ・トです。「岩戸」の一八が「〇（マ）」とすれば、コトは九十です。

「マコトのおかげは遅い」は、人間の世界に気づかれていないのです。一人一人が気づいていかなければいけない。言葉として存在しているから、実はそのおかげをいただけるのです。

だけど、人間がまだ閉ざしたままでいるということを言っているのだと思いますね。

スピカ　心を開いて、八からコトを受け取り、二はコトとして神に預けてある。

黒川　そう、コトをいただく。

スピカ　また深いですね。

黒川　ヒ（光）、コトの光です。

スピカ　ちょっと勇気の要ることも、開かれているところに対して一歩、そういう感覚もありました。

黒川　なるほどね。今日は数霊でいいのが上がってきますね。解説篇にぴったりです。

スピカ　「マコトのおかげは遅い」というのは、時間をかけてまたそれがやってくるという感じでしょうか。

黒川　九十（コト）のおかげです。九十は創造の最後の部分です。まだ現世に降りてきていない。

スピカ　神に預けてあるからこそ、私たちが勇気を持って心を開くと、誤りなしで利子がついて、返ってくる。

黒川　コトが降りてくる。コトの世界の表現としては、立体世界ですね。

スピカ　複々立体ですね。一歩踏み出すような勇気が降りてくる神示でした。

スピカ　次のお方、三九二、Y・M様。

三九二

この世始まってない時ざから、我が身我が家《いえ》が可愛いようでは⦿の御用つとまらんぞ。⦿の御用すれば、道に従えば、我が身我が家は心配なくなるという道理わからんか。何もかも結構なことに楽にしてやるのざから、心配せずにわからんことも素直に言うこと聞いてくれよ。子に嘘つく親はないのざぞ。

黒川　「この世始まってない時ざから」の一節は、大本教「お筆先」にあります。

今まで人類が経験したことがないような時が来ると、一つの予言を含めています。

「ざから」は「だから」です。「だ」と「ざ」の混用、出口なおの丹波地方（綾部）の方言が入っています。

出口なおの口調で書いていているご神示です。

「我が身我が家《いえ》が可愛いようでは⦿（かみ）の御用つとまらんぞ。⦿（かみ）の御用すれば、道に従えば、我が身我が家は心配なくなるという道理わからんか」は、今の我々にはイメージしづらいかもしれませんが、この神示は終戦前の昭和19年に降りた（日月の巻・第三十六帖）神示で、予言のごとく戦時中の国家総動員体制から戦後の混乱まで、価値観が変わり、経済的な困難がある、相当大変だった時代のご神示です。

誰でも我が身我が家はかわいいですよね。何もかも、日本がどうなっちゃうかわからない時代です。同時に出口なおの生きた明治中期も、経済変動で没落者が多かった。

それをさっき言ったように神にまかせ、「⦿の御用」すれば自然に心配はなくなる。

終戦直後の人に対しては相当ハードルの高い言葉だと思いますね。

「⦿の御用」してくれと、神から頼んでいるような感じを受けます。

天明さんにも当てはまっているのだと思います。

スピカ　天明さんご本人へ、ということもある。

黒川　その周りの人たちとか。

「何もかも結構なことに楽にしてやるのざから、心配せずに」とね。

「子に嘘つく親はない」、さっき言った同胞、神と人の関係を親子になぞらえた感じにとっているのだと思います。

スピカ　今の時代ですと、家のこと自分のことを超えて「⦿の御用」という感覚を、皆さんはどう受けとめればよいのでしょうか。

黒川　昔、「⦿の御用」の行《ぎょう》に入った人の話を聞くと、今はそうでもないですけれども、昔は本当に家族を捨てたのです。

近畿一円や富士神業に尽力した石蔵常世《いしくらとこよ》さんは、魚屋の奥さんが神の啓示を受けて、家族全員を救うためだからと言って、「⦿の御用」に入った。それは家族には言えない。

ダンナさんから「おまえは何しとるんじゃ」と100発殴られた。当時のダンナさんからしたらそうですよね。

だけど、殴られても自分は家族と究極の幸せのためには、「⦿の御用」で、世に落ちている神を拾い上げると行に入った。

さっきも言ったように、日月神示を世に出すのにもすごい抵抗があったのです。それと同じで、艮の金神は有名になりましたが、当時にしたら、世の落ちた神を出すなんていうのは普通の人間にはできない。

この間、金光教教祖《こんこうきょう》の生涯を扱った伝記本を読んでいたのです。金光教の教祖が江戸末期に天下泰平を祈願していたら、近郷の山伏から抗議が来た。

天下泰平を祈願するのは人の身に余ることで、一個人がやるものではない、我々のような専門の山伏が何日間も断食《だんじき》して、やっと天下泰平の祈願ができる。「おまえみたいなただの百姓が何をやっているんだ」と文句を言われたという文言が出てきて、びっくりしました。

今は普通の方も天下泰平の祈願をするじゃないですか。その当時はそういうことは不遜《ふそん》であると思われていた。そういう時代もあったのです。

そういうものも含めると、神の世界に入るというのは、特に普通の人、天明さんの周りの人は相当の覚悟のほどがないと、今では想像がつかないくらい。家族の理解などは一切なかったと思いますね。

スピカ　今の時代ですと、お一人お一人の「⦿の御用」はそれぞれに深い祈りから受けとめる。

黒川　もう道が立っているのです。

　前にそういう大変な人たちがいて、昭和時代の行者さんは、亡くなるまで自分が何をしているかさえ、わからずに亡くなっていたのです。

　その後、私がお弟子さんと会って、「実はこういうことで来ました」と言ったら、お弟子さんから「新海先生がどうして玉置・天河の神事に仕えていたのか、初めてわかりました」とすごく感謝されたことが何度もあります。

「自分が天河神社に導かれたご縁の理由が、『天明伝』を読んで、初めてわかりました」と天河で五十鈴《いすず》を振る奉仕をされた原宣之さんから言われ、「ありがとうございます」と丁寧に言われると、書いてよかったと思います。

　ちょっと前の人は、結果も理由もわからず死んでいったのです。今の人たちは、わかるところで亡くなっている。それも今と全然違うのです。

『天明伝』の取材をして、この人はすごいなと思う神業者の事績を知りました。皆さん信念だけで突き進んだから。天明さん以外にもすごい方がいらっしゃったけど、わからないまま亡くなっている。

スピカ　深いお話をありがとうございます。天明さんの時代も大きな「御用」があったと思いますが、皆様それぞれの御用にお努めくださればと思います。

スピカ　では、次のお方。五〇五、T様。

五〇五

運命は自分で切りひらくこと出来るぞ。磨け磨け、ミタマ磨き結構。信念だけでは行き詰まるぞ。

黒川　「磨け磨け、ミタマ磨き」は、禊ぎの働きです。「ミタマ」は、魂《タマ》、玉《タマ》、大和言葉で丸いタマを意味しています。深層心理学者のユングも、個人の意識とシャドーが反転した円形を描き、集合的無意識が周りを囲む図を制作しました。魂・玉は丸いイメージを持っています。

禊ぎは掃除であり、時がたつほどに、どんなものに対してもほこりがたまります。車も、放置すればほこりがたまるので、洗車に行きますよね。溜まったほこりが、罪、穢《けが》れです。

罪は、キリスト教の原罪のようなものではなく、「積み重ねる」の積み（包《ツミ》）から来た言葉です。大祓詞《おおはらえのことば》の天つ罪・国つ罪の言葉も、積み重ねなのです。

積み重ねは存在すれば、経年で自然に溜まっていきます。何でも積み重ねは起きます。溜まった積み重ねによって、表面は輝かなくなる。

勾玉《まがたま》にしろ鏡にしろ、ほこりがたまれば輝かなくなります。本体の勾玉や鏡がゆがんでいるのではない。積み重なったほこりの汚れによる作用で、反射しなくなるのです。

それを、磨くことによって取る。その磨く作業を「禊ぎ」といいます。

いろいろな禊ぎがあります。水をかぶる禊ぎもあれば、日常の掃除も禊ぎです。

天河神社の柿坂《かきさか》名誉宮司は、神主の家に生まれたけど、若い頃はいろいろな事業に挑戦した。でも、なぜか全部うまくいかなかった。

スピカ　柿坂神酒之祐《みきのすけ》さんが。

黒川　しようがないから、神社の境内《けいだい》掃除を始めた。毎日ひたすら掃除した。当時、誰も来ない田舎の天河神社を毎日無心に掃除していたら、いろいろな気づきがあった。

掃除して、きれいになった、気持ちいい、ということもありますが、自然の風景の見方も変わった。

また、掃除することによって、人が来る。いろいろな人が来て、その人たちからいろいろな教えを受ける。「ここが竜宮城ですか？」と聞かれたりしたそうです（笑）。

掃除することをフトマニと言います。まさにそういう働きがあった。

フトマニは、神道の意味では占い（亀卜《きぼく》）を言うのですが、柿坂名誉宮司は、掃除することをフトマニと言います。

掃除の作用が、まさにそう。掃除すると、どんどん清まって、神社の境内が鏡になる。
ほこりがつもっているときは何も見えなかったのに、鏡になると、全てが、森羅万象が映る。
映るというのは、人の出会いでもある。出会った人から教えを受けて、自分が学ぶことで恩返しする。
これが、掃除という物理的な作業から始まった教えです。それが「ミタマ磨き」なのです。

スピカ　いろいろな「ミタマ磨き」があるのですね。もとが「同胞《はらから》」ですから、みんなミタマがピカピカで、そこを常に、いろいろな方法で掃除、「ミタマ磨き」をする。

石井社長も、日月神示は言葉と思いと行いが一致するということをおっしゃっていますね。

黒川　悪口を言わずというのも、口の禊ぎです。

スピカ　いろんな禊ぎがあるのですね。

黒川　祝詞《のりと》を唱えるのは音の禊ぎです。

水をかぶるのは、物理的な水による禊ぎですが、波動としては荒い領域です。ほかに、音の禊ぎは「耳注ぎ」だから、もっと細かい、超音波域の禊ぎです。

さざ波を浴びる「音の禊ぎ」もあります。

スピカ　先ほどの休憩時間にしていたさざ波の話がおもしろかったです。⦿の神をあらわすと、さざ波のような、量子のようなというお話がありました。

黒川　それはまた後で話しますね。

スピカ　それぞれのミタマ磨き、なさってください。

スピカ　お次は四八〇、S・H様。

四八〇

大きなれば旅にも出すぞ、旅の苦楽しめよ、楽しいものざぞ。眠くなったら眠れよ、それが⦿の道ぞ。⦿のコト聞く道ざぞ。無理することは曲がることざぞ。無理と申して我が儘《まま》無理ではないぞ、逆《ぎやく》行くこと無理と申すのざ。無理することは曲がることぞ、曲がっては⦿の御言聞こえんぞ。素直になれ。火降るぞ。

黒川　「大きなれば旅」とは、人生の歩みでもあり、今回説明した道。まさに「それが⦿（カミ）の道ぞ」というところに来ていますが、旅する行程が道を歩むことです。

スピカ　まさに人生という感じ。

黒川　人生でもあるし、「ヒフミヨイムナヤコト」という数霊の働きも道です。「⦿（カミ）のコト聞く道ざぞ」の「コト」は九十です。一から八までの世界の続きである九十。「聞く道」を主宰しているのは白山菊理媛です。

「無理することは曲がることとぞ」は、「無理」と「曲がること」を一緒に記しています。

㋹が神の光をあらわしています。光は真っすぐです。

きょう説明した一霊四魂のナオヒは「直《なお》」、神の光、真っすぐな光の意味もあります。

神は真っすぐな光であり、人体の中では軸です。武道をするときの身体軸が、ナオヒの働きです。

「直日《ナオヒ》」は真っすぐの働き、無理に曲がった状態が「曲津日《マガツヒ》」です。

悪いことを「マガツ」と言うのですが、キリスト教のように善悪が全く相入れないのではなく、真っすぐなものと曲がっているものとの違いです。

真っすぐなレールは、気温が高くてグニャッと曲がったらダメになる。曲がったレールをカンカン叩いたら、真っすぐに直ります。

されど、レールはレール、直せばいいだけです。曲がったレールだからこれはアカンとはしない。よほどなことでもない限り、直します。

日月神示では、善悪二元論ではないということを絶えず言っています。曲がっているのはへそ曲がり。素直とへそ曲がりの違いが、ナオヒかマガツヒかの違いです。本質が違うということではないのです。本質は同じです。働きが真っすぐか、レールがちょっと曲がってグニャッといっているかの違いで、もとの真っすぐに戻ります。

「御言」の原文は「三九十」です。一、二、三から万物が生まれ、九十という、今日の説明そのまま修め「御言」と言っているのです。素直になれば、ナオヒです。

「火降るぞ」の原文は、「一二◎三」です。「火降るぞ」は「ひふみ」と書いているのです。

「大立替《おおたてかえ》」で火の雨が降るとは、物理的な天変地異の象徴ではあるのですが、原文は「ひふみ」だから、神の霊力体、創造の働きの一つのあらわれでしかないのです。

出口なおは「火の雨が降る」と予言していました。それを王仁三郎は「慈悲の雨が降る」と書き換えた。

王仁三郎は言葉をダジャレで変えるのが得意でした。終戦の時は「マッカーサーれた〜」とかね。本物の火の雨が降ったら、私たちはたまったもんじゃないですか、「慈悲の法雨」が降ったらありがたいですね。

言霊を「宣直《のりなお》し」して、現状を変更する。ウイルスの遺伝子を組み換えるみたいな形で、言霊を宣直《のりなお》すことによって、「直日に見直せ聞き直せ、身の過ちは宣直せ」と、悪い運をいいほうに変えることも可能なのです。

スピカ　これだと火は霊的な恵みと捉えられる。

黒川　火山だったら熱くてたまらないですが、霊的の火だったら気持ちいい。そう変えていく。短い中にいろんな意味を込めています。

スピカ　深いですね。

私がすごく聞きたいのは「無理と申して我が儘無理ではないぞ、逆行くこと無理と申すのざ」、ここについて。

黒川　今日説明した「ヒフミヨイムナヤコト」は宇宙の順の流れじゃないですか。それに対して、流れに身を任すのは惟神《かんながら》です。川の流れに身を任すと生きやすい。惟神ではなくて、自分の意思で変なところでガンガン竿《さお》を突いたら、岩にぶつかります。

そういう形のことを言っているのだと思います。

もっと深い「ヒフミヨイムナヤコト」がある。

宇宙は逆流します。宇宙ができて高天原になるのですが、タカアマを逆に読むと、マアカタになります。

高天原の宇宙ができる型の中に、マアカタの麻賀多神社は、逆流する場所として置かれています。

宇宙が往《い》って帰ってくる。これも循環です。一つの方向に行くだけではない。

宇宙論は、ビッグバンで巨大化して、最後は収縮していくという説もありますが、それと似ているかもしれません。

「ヒフミヨイムナヤコト」だけではなくて、逆に戻ってくるものもありますが、それは時と場合によりで、それを無理にすると、よくないこともある。

宇宙の最後は全てシューッと、もとにもどる循環もあるかなと思います。

無理強いはしないということだと思います。

スピカ　そうですね。最後の「素直になれ」という、そこに集約する。

黒川　「素直」が惟神です。

スピカ　「素直」の「素」の字も、スッと一本糸が垂れていますね。

黒川　「素直」の「素」が⦿（ス神）なのです。「⦿直」と書いたら「素直」です。

スピカ　実は、瞑想していたら、そのスが来て、スピカという芸名をいただいたという不思議な現象がありました。

黒川　⦿ヒカ。

スピカ　言霊がバーッと来て、一番最後にスッと来て、音が「スピカ」だったので、そのままいただいたのです。

黒川　今日の話じゃないですか。

スピカ　スって気持ちいいですよね。スーッとかスッというエネルギーもすごくいいなと思います。

黒川　スが⦿の音の響きです。

スピカ　『日々瞬間の羅針盤』はこれで全部です。

第三部

「⦿《カミ》が世界の王になる」の「王」とは何か!?

——『日月神示　ミロク世の羅針盤』解説篇

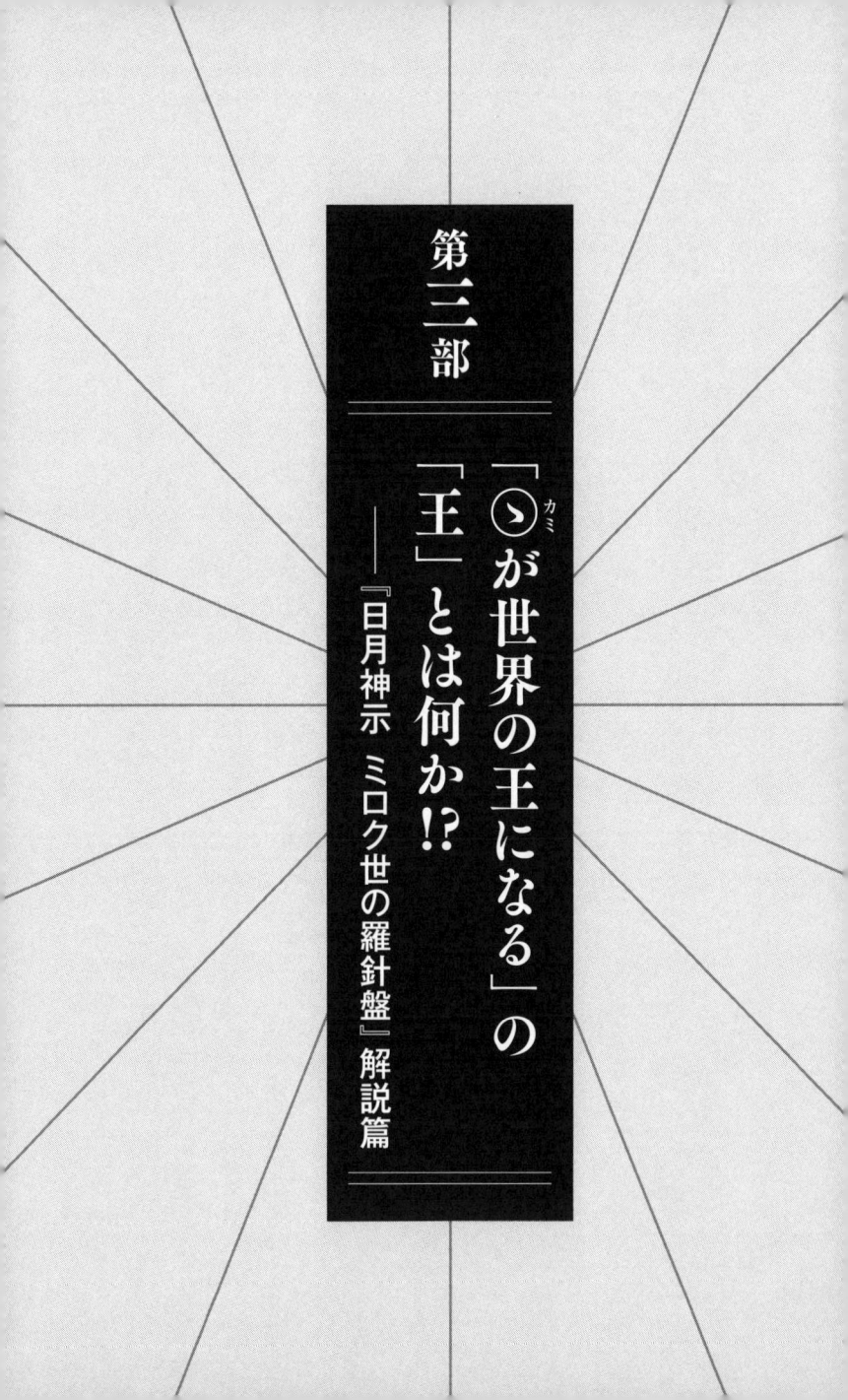

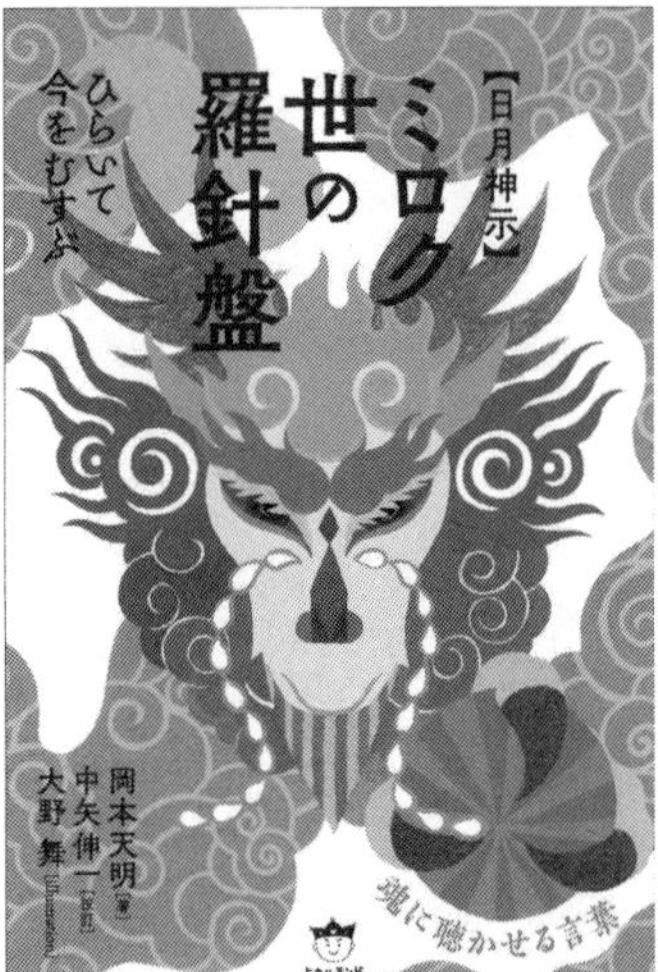
【日月神示】
ミロク世の羅針盤
ひらいて今をむすぶ
岡本天明[著]
中矢伸一
大野 舞
魂に聴かせる言葉
ヒカルランド

すわ☆水鈴Spica（以下スピカ）　次、参ります。ここより『ミロク世の羅針盤』です。五〇五、S・Y様。

五〇五
救いの手は東《ひむかし》より差し延べられると知らしてあろが、その東とは、東西南北の東ではないぞ、このことよくわかりて下されよ。

黒川　これは短いのですが、すごく難しいことなのです。

東《ひむかし》の語源は「ヒのカシラ」です。太陽は東から上がってくる。今、地図は北を上にして、北を中心に見る形です。

もっと古い時代は東が聖位だったのですが、東を中心に見ています。沖縄はそういう世界観です。

沖縄では東のことを「アガリ」と言って、東が聖位なのです。

中国の紫微宮《しびきゅう》は北が正位で、皇帝は北に背を向けて南を向く。これが中国文化のあり方です。

日本は本来、東です。最初の都は奈良の三輪山の西にあった。東から三輪山越しに太陽が出てくるのを正位としてとったから、三輪山の西側に纏向《まきむく》遺跡があるのです。

ここは卑弥呼《ひみこ》の遺跡じゃないかと言われています。

そういう非常に古い正位の取り方のことを書いています。

スピカ　（鈴を鳴らす）これは奈良の三輪の鈴です。

黒川　三輪山は西から見ると、ピラミッド状できれいです。グルーッと見ていくと、南は近過ぎたり、北からだと、ほかの山がかぶったりする。

西からが、太陽との位置関係できれいに見える場所なのです。

「東西南北の東ではないぞ」は、言霊の発射を言っていると思います。言霊を発声するに当たっては、中心から北東南西を廻り、四方に宣《の》る所作もあります。もっと古い時代は、東を向いて神事をしました。

沖縄の首里城の正殿と玉座は西に向いています。東の聖位を背にしています。東は「アガリ」で、西は「イリ」と言います。「日縦《ひのたたし》」「日横《ひのよこし》」という言葉も『万葉集』にあります。

東から西に太陽が動く運行の仕方を、人間とか宇宙のあり方の根源として捉える、非常に古神道的なことわりを説いている。

スピカ　万物の動き、自然法則を感じますね。

黒川　今は南面《なんめん》といって、南に向けて御神前をつくって、お祀りするんだけど、纒向遺跡のときは東の三輪山の太陽に向けてお祀りする形で建てていたと思います。

スピカ　救いの手。

黒川　古い神の祀りの仕方のことを言っているのだと思う。

あと、「光は東方より」ですね。

スピカ　自然界とか大いなる宇宙の動きという感じもしますね。

黒川　あわせて東から救世主があらわれる伝承です。

スピカ 次です。一九三、T・Y様。

一九三

ムからウ生まれ、ウからム生まれると申してあろうが、ウム組み組みて、力生まれるのざぞ。今度の大峠はムにならねば越せんのざぞ。ムがウざぞ。世の元に返すのぞと申してあろうが。ムに返れば見えすくのざぞ。風の日もあるぞ。

ム、ウが出ました。

黒川 ム(無)とウ(有)のもとは『老子道徳経』に由来して、「無《ム》」と「有《ウ》」の音を言霊として取っているのです。

ムは、言霊からとると、ムスビの六(ム)になります。ウの「生む」働きと、ムの「産霊《むすび》」の働きの言霊としての組み合わせ。ムとウは片仮名の形ですが、神示原文だとムは△の象形で、ウは▽の象形です。

「ウム組み組みて、力生まれる」。

ム△とウ▽を合体させると、六芒星✡になります。ムウは六芒星のことを言っているのです。

「力生まれる」は六芒星の力です。

ユダヤではもともと魔除けの意味が強かった。修験の九字（109ページ図）もそうです。

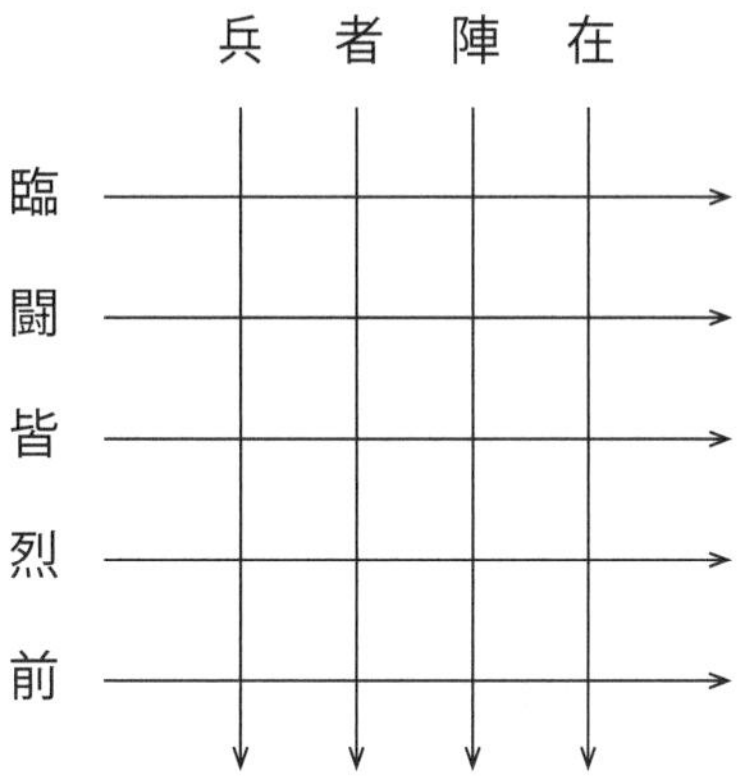

九字切り

六芒星とか修験道の九字は迷宮のシンボルも含んでいる。

ナスカの地上絵みたいに、本来は入り口と出口がない世界、迷宮をあらわしているのです。

迷宮は神の世界の創造の形をあらわしています。高天原の「はら（肚）」という意味もあります。

「今度の大峠はムにならねば」の「大

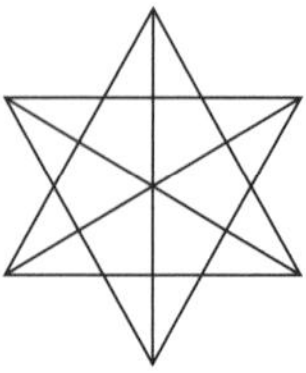
マカバ

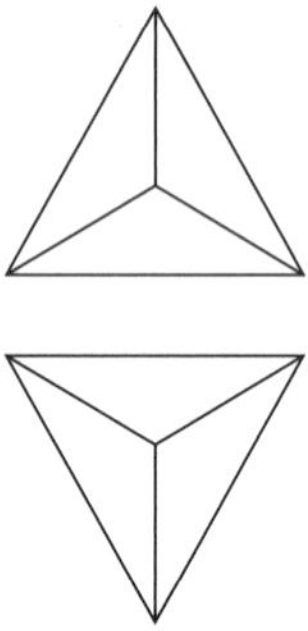
△と▽

峠」という表現は、ムが△で山の象形になっている。象形の三角形から大峠という立替（天変地異）、を暗示している部分もあります。

ムとウが合わさると、△と▽、ピラミッドと逆ピラミッドが合わさる。立体で見ればマカバの形です（110ページ図）。

「世の元に返す」は本来の形と言っているのだと思います。

「ムに返れば」は、有無のムという意味と、ムスビの根源のム、六芒星、マカバとして捉えたら理解はしやすくなり、見やすくなる。

「風の日もあるぞ」は、ちょっと難しいですね。

トッチさんは、立体神聖幾何学図象にエネルギー体が生まれて、中から風（気）を感じる、神聖幾何学ワークは体感するワークでもあるとおっしゃっていたのです。

（トッチ：『宇宙の最終形態「神聖幾何学」のすべて』、『日月神示と神聖幾何学』

（ヒカルランド）著者）
形だけで見ると幾何学図形ですが、中に何重ものエネルギー体が発生するのだそうです。そのことを神示では「風」と言っているのではないかと今思いました。
これはかなり難しいです。文章だけでなく、言霊と神聖幾何学の意味を重ねていますので、神示の中では一番難解ではないですかね。

スピカ　「ムがウざぞ」、「ムに返れば見えすくのざぞ」。

黒川　私も、トッチさんと会う前は老子の世界観で見ていたのです。
でも、それだけじゃなくて、記号、神

日月神示と
神聖幾何学
時間・空間・重力・量子、そしてフリーエネルギー
宇宙を統べる
真理の法則と、
その科学
トッチ×黒川柚月［著］
ベストセラー『［完訳］日月神示』を
立体的に読み解く最強のヒントがここに！
複々立体の世界に入れば
［隠された真理の繋がり］すべてが見える！
ヒカルランド

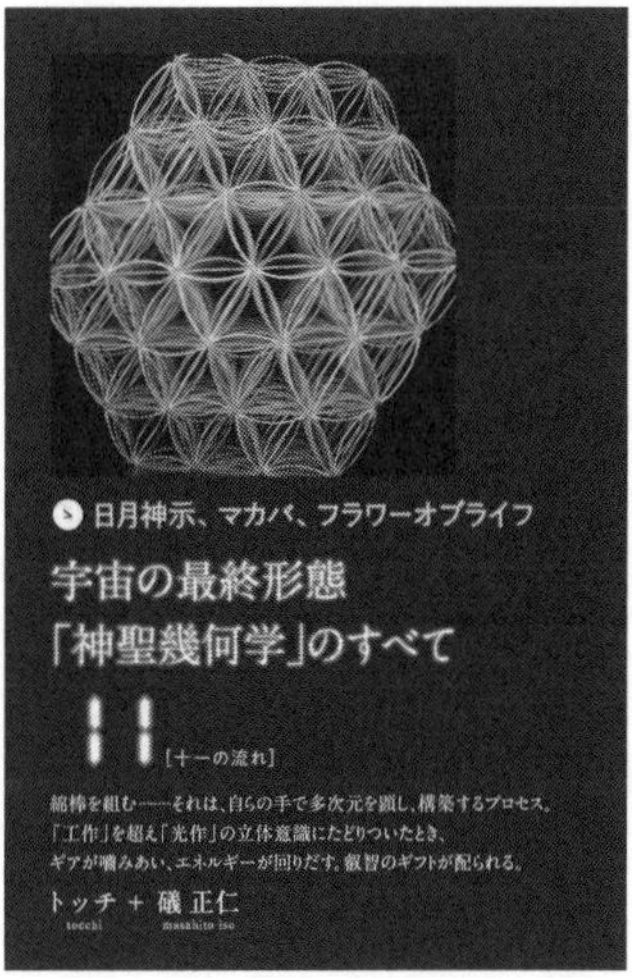

日月神示、マカバ、フラワーオブライフ
宇宙の最終形態
「神聖幾何学」のすべて
11
［十一の流れ］
綿棒を組む――それは、自らの手で多次元を顕し、構築するプロセス。
「工作」を超え「光作」の立体意識にたどりついたとき、
ギアが噛みあい、エネルギーが回りだす。叡智のギフトが配られる。
トッチ + 礒 正仁
tocchi masahito iso

聖幾何学の形もあると思った。まさにここに出ているご神示ですね。

スピカ 何度でも体感したり、考え抜きたくなるような神示ですね。深い神示をありがとうございました。

スピカ お次は、五五八、M・N様。

> **五五八**
>
> 少しでも交《ま》じり気《け》があったら先になって取り返しがつかんことになるぞ、今度は一厘の狂いがあってもならんぞ。柱になる人民もあれば屋根になる人民もあるぞ。天の王と地の王とをゴッチャにしているからわからんことになるのぢゃ、その上にまた大王があるなれど、大王は人民には見当とれん、無きがごとき存在であるぞ。

黒川 「少しでも交じり気があったら」は、大本教の「お筆先」の言葉がもとで、混じり気のない水晶のことを言っているのです。

スピカ　よく「水晶のようになれ。鏡のようになれ」と。

黒川　そう。透き通った水晶が念頭にあって、混じり気があったら取り返しがつかぬ、水晶に濁りや、ひびが入ったらいけないということです。

「一厘の狂いがあってもならんぞ」は、神の経綸、仕組みです。

「水晶の世」とは、「ミロクの世」の別の呼び方です。水晶の世とは、大本教ではなく、富士講系の丸山教が起源です。

江戸時代、山梨県の昇仙峡《しょうせんきょう》は日本で一番水晶が採れたから、水晶といえば山梨（甲斐）が産地です。富士のイメージも入っています。富士の経綸です。

水晶はそれを暗号にしている。難渋な暗号が入っています。

「柱になる人民」は、水晶の柱です。

水晶があったから、柱のイメージもできてくると思います。

屋根になるとか、家普請《やぶしん》が神の経綸の象徴になるのは天理教の解き方ですが、一概に誰がどんな役をするかはわからないのです。

そのときになってみると、自然にお役目にはまって、経綸は進んでいくと言っている。

「天の王と地の王」の「天」は形而上《けいじじょう》の世界、神々の世界だけではなくて、天体とか天と地です。

天と地は合わせ鏡と言って、天にあるがごとく地にある。スピリチュアルでも天地の相関関係をいいます。

天の形、星座とか彗星の形を見ると、地の物事がわかる。そういう天と地の間の相関を言っているのです。

「ゴッチャにしている」とは、天の要素と地の要素をまぜてしまうと、読み解くのが難しくなる。

星の動きだけを見ると、実際の政治の動きはちょっとずれたりしますから、天の動きだけを見て先走ると、うまく察知できないことだと思います。

「その上にまた大王」の「王」は、日月神示では、オの発音の原文は、オタマジャクシみたいな形をしています。マルに尻尾がついていて、「オー」とか「オウ」と読みます。
○（マル）は宇宙を象徴する大きい形で、それに尻尾がついている。オタマジャクシは尻尾で動きます。
マルだけでなくて尻尾、ヒレみたいなものがあることによって、世界を動かす。それが「オー」とか「オウ」の働きではないかな。

スピカ　大きなものを降ろすような感覚もありますね。

黒川　天津金木は、丸い世界の中に棒（金木）が立つ。

宇宙が進行するには、何か1つ最初のもの、種になるものがないと成り立たない。それが王の尻尾ではないかなと思っています。

これは言霊学で、さっきのフトマニの世界になって、難しいと思うのですが、それが「大王」の「王」の働きじゃないかな。

王仁三郎は「王星」、星のことを言っています。

「王」という漢字は、霊界・幽界・人界の3つの世界をあらわす横線三本を1つの柱が貫いている、仏教では金輪《こんりん》を支配する転輪聖王《てんりんじょうおう》のイメージも近いです。

王仁三郎の言う王が、日月神示の中に入っているかもしれない。

スピカ　なきがごとき存在。

黒川　霊的な、不可視の存在なので、現世からは見えないのです。

スピカ　この世の王という捉え方とちょっと違うのですね。

黒川　この世界の王ではない。霊的な働きです。

王仁三郎は「天に王星の顕われ」と書いています。

スピカ　いろいろなお役目をそれぞれにしながら、大きな働きを受け取り、降ろす。交じり気なく水晶の世を目指していく。

黒川　王仁三郎は、天に王星（聖書のベツレヘムの星で救世主到来の象徴）とか76年に一回来るハレー彗星は、艮の金神のため息というのです。

スピカ　出てくる言葉そのもので捉えずに、霊的なところが常に反映されているのが日月神示なのですね。

スピカ　お次でございます。二四七、H・S様。

二四七

今の世は地獄の二段目ぞ、まだ一段下あるぞ、一度はそこまで下がるのぞ、今一苦労あるとくどう申してあることは、そこまで落ちることぞ、地獄の三段目まで落ちたら、もう人の住めん所ざから、悪魔と神ばかりの世にばかりなるのぞ。

黒川　これはたしか昭和19年、初期の神示（富士の巻・第九帖）だと思います。昭和19年8月18日は、まだ何回か空襲があったが、本格的な本土空襲になる前です。

日月神示の降りた昭和19年6月10日の翌月、7月7日にサイパン島日本守備隊玉砕により、日本軍絶対国防線が米軍に突破されて、日本の上層部は、日本は戦争に負けたと判定したのです。

絶対防衛線を突破されたということは、そこに米軍の基地を作られて、本土空襲を受ける。当時の日本の防空戦力では、それに対処することは不可能だった。ちょうどそのころのご神示だと思います。

昭和19年の日本は「欲しがりません勝つまでは」で、報道も規制されていたから、頑張れば、これから大逆転すると国民は思わされていた。

宮崎駿の映画「君たちはどう生きるか」の時代背景が、ちょうど昭和19年ごろです。あの映画を見ると、おばあさんが「砂糖がある」とコソコソ言うシーンがある。『天明伝』取材時、「天明さんの家には砂糖があった」とボソッと黒羽《くろばね》さんが言った。黙って聞いていたけど、そのときは砂糖ぐらいどこにでもあるじゃないかと思っていた。また、戦時中、矢野シンの家にも砂糖があったと御子息の証言を聞き、エーッと思っていた。

こういうことだったんだと思った。日本が負けると完全には信じていないけれども、どうやら状況はおかしいと、ちょうどそのころです。

普通の家には配給品の砂糖などなかった。砂糖がある家とは、よっぽど軍部とコネのある人の家だった。

映画の主人公の家や、矢野シンや天明さんの家はそういうところだったということがわかります。

油や砂糖は、当時の一般の家ではあり得なかった。それが「地獄の二段目」です。まだ下がある。だから、大きな意味ではこれもすごい予言なのです。

天明さんの周りには軍人とか総力戦研究所関係の人もいて、陸軍の機密が全部入っていたらしいです。だから、相当戦局がヤバい状況だとわかっていた。

天明さんと一緒に活動していた桜沢如一《ゆきかず》が、サイパン島を攻略されたので、満州から密航でソ連に渡ろうと活動していた。これはちょうどそのころです。

当時のほとんどの日本人はまだわからなかった。公開されていませんが、全体が戦争のまさにその状況なのです。

スピカ　時代に対する具体的な予言という感じなんですね。

「悪魔と神ばかりの世にばかりなるのぞ」。

黒川　王仁三郎が、この戦争は鬼と鬼が戦った戦争だと言っています。

日本は善でアメリカが悪ではない。日本もアメリカも戦争をするのは鬼（悪魔）

と言っていますが、2匹の鬼が骨の山の上で闘争している悪夢を見て、うなされて起きたということを戦前に残しています［「悪魔の世界」『月鏡』（昭和4年）］。

戦後、王仁三郎は「それは戦争のことを言ったのだ」と言っています。そういう情景とすごく重なりますね。

スピカ　こういうご神示を見ますと、現在へのメッセージとして受けとめてもいますけれども、時代背景を考えると本当にそういう時代だったんだなと。

黒川　その時代背景もあるし、それに近いことがこれから世界で起きます。

スピカ　こういう状況の世界が今あるということも実感しますね。

その時代から現在に向けてつながるメッセージだというところが、日月神示のすばらしいところですね。

黒川　「ひふみ」で「光を受けて」とか、具体的な答えを先に解説しているというのがおもしろいところですね。これが最初に出てきたら話に困ってしまいます。

スピカ　そういう時代だったということをひしひし感じます。

スピカ　では、お次の方、一〇一、H・E様。

一〇一　岩戸開く仕組知らしてやりたいなれど、この仕組、言うてはならず、言わねば臣民にはわからんし、⦿苦しいぞ、早う⦿心になりてくれと申すのぞ、身魂の洗濯急ぐのぞ。

黒川　「⦿心」はカミゴコロと読みます。

沖縄に「かみぐくる」という言葉があります。心は、うちなーぐち（沖縄の言葉）で「くくる」です。

きょう説明したそのままで、岩戸（一八十）開く仕組みです。「八《ひら》」くですから、「岩戸開く」は神示原文では「一八十八（ひら）九」と書いてあります。

「岩戸開く仕組知らしてやりたいなれど、この仕組、言うてはならず、言わねば臣民にはわからんし」の、原文では「一二《いふ》ては」、「一八《いわ》ねば」です。言う（一二）こと、言わ（一八）んことが、岩戸（一八十）です。

スピカ 言えないようなことを言う。

黒川 一から八の創造された世界、大八洲《おおやしま》は、言う（一二）・言わ（一八）んの世界です。原文で見ると、全部数字の韻を踏んでいます。

「⦿（神）苦しいぞ」は、難しいことを言っています。

「早う⦿（神）心になりてくれと申すのぞ」は、神の心になったら、岩（一八）の世界から超越して、九十（コト）が開く。

「身魂（ミタマ）の洗濯」は、「上つ巻」第一帖に「心と口の行いと三つ揃うたまことを命《みこと》というぞ」とあります。

身口意《しんくい》3つのタマです。身は「ひふみ」のミで、ミ（身）のタマ。体も（荒）魂です。

荒御魂は荒ぶるタマの意味だけではなく、肉体も荒御魂です（川面凡児説）。

大本教でもミタマ（身魂）と字を当て、身体も魂の働きに含みます。

「洗濯」は、禊ぎをしてくれということです。

今まで話したことの要約のような内容です。

スピカ　ミタマ磨きが何より大事という感じですね。

スピカ　次、参ります。一四六、S・C様。

一四六

まつりまつりと、くどう申して知らしてあるが、まつり合わしさえすれば、何もかも、嬉し嬉しと栄える仕組ぞ、悪も善もないのぞ、まつれば悪も善ぞ、まつらねば善もないのぞ、この道理わかりたか。

黒川　政治も、宗教の祭祀《さいし》も、大和言葉で「まつりごと」と言ったのです。「祭政一致《さいせいいっち》」という言葉があるのですが、同じ意味です。「まつり」は祭政一致が本来の形であると王仁三郎も言っています。その延長線で言っているので、「くどう申して知らしてある」となる。

日月神示が降りる前から「まつり」と言っている流れがあるということです。

「日月」の「お神示」だけではなく、天理・金光《こんこう》・黒住《くろずみ》、妙霊《みょうれい》と、大本教以前からずっと同じことを言ってきた。だから、「くどう申して知らしてある」です。全てバランスです。

「まつり合わし」はマ・ツリ、「真釣り」合わせる、釣りでバランスです。

五・五、霊体一致のように、真釣りなさいということです。

真釣り合わせすれば、森羅万象は天之数歌のごとく「ヒフミヨイムナヤコト」と循環するでしょう。

真釣りがとれている世界では、善も悪も一面でしか存在しないし、まつり合わせれば、悪も善もない。善と悪は消極的な一面性でしかない。バランスがとれたら悪も悪ではなくなる。

おまわりさんが交通取締り点数維持のために、違反検挙している。みたいな世界でなく、本当のバランス（真釣り）を達成することが道理だと思います。

スピカ　現在起きている悪と思えることも、また全体で見れば釣り合いをとるため。

黒川　釣り合いをとるための活動になっている。

スピカ　次、参ります。七十二、E・S様。

七十二　さびしさは人のみかは、神は幾万倍ぞ、さびしさ越えて時を待つ。
㋹が世界の王になる、てんし様が神とわからん臣民ばかり。

黒川　これは6月10日に降りた最初のご神示の一節です

スピカ　一番最初ですか。

黒川　麻賀多神社の社務所前で降りた「上つ巻」第一帖の一節です。

「さびしさは人のみかは、神は幾万倍ぞ、さびしさ超えて時を待つ」の「さびしさ」は、秋のことを指しています。

「時」も秋という意味です。「さびしさ」の感情と「時」は、秋に対応している言葉です。

神の境地で、世界が循環する中で実りの秋が来るのを待っている。時を待つ神の気持ち。

「☉（かみ）が世界の王になる」は、時が来たら☉（かみ）が世界の王になる。

「世界の王」は、ローマ皇帝とか王政のキングの意味ではない。神が王になるということです。

スピカ　先ほど出てきた王と似たような捉え方ですか。

黒川　世界の王に関しては、原文も「王」なのです。

王仁三郎は「天のミロクは瑞霊《ずいれい》であり、地のミロクは厳霊《げんれい》であり、人のミロクは伊都能売《いづのめ》の霊であり、この三体のミロクを称して王ミロクといふのである」「「王ミロク」『水鏡』（昭和3年）」、天、地、人のミロクがそろい、王ミロクになると説いています。

王はキングの意味ではなくて、霊的な存在であるとわかります。

支配者の王様ではなくて、☉（かみ）が世界を導く。天子様、天皇がその役だとされるのです。

天皇陛下は世界の王です。今の皇室はイギリス王室を手本にしていますが、手本にしちゃダメなんですよ。霊的に全く違う存在です。
スメラミコトが世界の王になる。
天皇制（元々は左翼用語）が王になるのではない。
天子を「⦿四」と書いたものが原文にあります。天明の奥さん三典さんは「天使」と言っていました。天皇陛下でもあるのですが、昔の軍人の格好をしている天皇ではなくて、霊的な、お祀りする天皇が世界の王になる。
それは昭和19年だから、大日本帝国の臣民、国民も、本当の天皇のあり方をわかっていない、それも「さびしい」と言っているのです。

スピカ　「秋」と「時」をかけつつ、その心境は「さびしい」。

黒川　時を待っている。

スピカ　今の時代も時を待つ。

黒川　「時を待つ」とは、国祖のクニトコタチが表にあらわれるとされますが、東北で3・11大震災が起きたからクニトコタチがあらわれたという論調があり、悲しかったですね。「さびしさ超えて時を待つ」の心境は、そんなものではない。第一帖の中には、日月神示のいろいろなエッセンスが全部入っているのです。

スピカ 最初というのが大きいですね。

黒川 第一帖は何回も読むといいです。

スピカ 次、参ります。二七八、H・R様。

二七八 実地を世界一度に見せて、世界の人民一度に改心さすぞ。

黒川 「実地」は大本教由来の用語で、まさに実地、現実世界、この世界の意味です。

「世界一度に見せて」は、森羅万象は世界に全てあらわれてくる。

ミタマ磨きで世界が透明になったら、全てが映るということを言っています。

「世界の人民一度に改心さすぞ」は、世界の人民がそれを見たら一度に改心するような大きな働きということ。

短い一節ですが、すごい予言ですね。今までずっと説明してきた言葉が全部これに当てはまっちゃう。それをやると、また2時間ぐらいしゃべることになっちゃう。シンプルですけれども、先に答えが出てきてしまっています。

スピカ　ここを目指しているということ。大きな答えです。

スピカ　次、参ります。三七七、I・Y様。

三七七
臣民も、世界中の臣民も国々も、みな同じことぞ、ヽ入れてくれよ、〇を掃除しておらぬとヽ入らんぞ、今度の戦は〇の掃除ぞと申してあろうがな。

イレモノという感じ。

黒川　「臣民」は、日本の臣民という意味合いが強いのですが、「世界中の臣民」は、世界中の人々全てに当てはまる。

「○」は体の象徴です。器、カラ、外側のマルに「ヽ」を入れないと、⦿にならない。

だから、「ヽ入れてくれよ」の「ヽ（ホチ）」は神のビッグバン、最初の働きです。

そこからスタートしているのです。

それを思い出すということです。全ての存在は「ヽ（ホチ）」から始まる。外側の世界が完成されているんだけど、真ん中を忘れてしまっているから、もう一度最初の「ヽ」を思い出して、チョンと入れる。

絵を描いて最後にパンッと目を入れるとか、だるまに目を入れるみたいにしてくださいということです。

「今度の戦は○（カラダ）の掃除ぞ」は、まだ体のレベルの掃除でしかないから、「ヽ」を入れないとダメだということを言っています。

スピカ　これは体でもあり、世界でもある。

黒川　体、世界、カラ、タマ、同じ意味です。荒御魂のタマです。

スピカ　それぞれに「ヽ」。

スピカ　次、参ります。二二六、K様。

二二六

学、勝ちたら従ってやるぞ、⦿の力にかなわんこと心からわかりたら、末代どんなことあっても従わして、⦿の⦿のマコトの世にして、改心さして、万却末代《まんごうまつだい》口説《くぜつ》ない世に致すぞよ。

黒川　「学」は、出口なおの『大本神諭《おおもとしんゆ》』に出てくる言葉で、「神」と対象で出てくる存在です。

「学」は明治以降の文明開化の欧米思想とか、明治政府の方針などの近代的な世界観で、出口なおを通して来る神の教え、働きが対峙しています。

「神と学、どちらを選ぶか」とか、それぞれと戦いをする表現、言葉が、ラジカルな存在だった大本教の初期の方向性に見られました。

「学、勝ちたら従ってやるぞ」は、この世の原理が神と争って勝つんだったら、神も従ってやるぞと言っているのだけど、これは問いかけです。

「◉（かみ）の力にかなわんこと心からわかりたら、末代どんなことあっても」の「末代」は「万劫末代」、長いスパンの未来を指す仏教用語です。

　長い時間をかけても神の力にかなわぬから、「◉（かみ）の◉（かみ）のマコトの世」。

スピカ　2つもつないでいる。

黒川　実際、マコトのマは原文「〇」だから、〇が三重に続いているのです。

「◉の◉の〇（神の神のマコト）」、3つの世まで改心させる。

「万劫末代口説ない世に致すぞよ」の「口説《くぜつ》」は言い争い（痴話喧嘩）の意味です。

「世に致す」は屁理屈《へりくつ》のない素直な世界に「致すぞよ」と言っているのです。

知恵学問と神はどちらが強いかという言葉が、出口なおの初期の言葉にある。それを踏まえた言葉です。

　これが出てきた時は、大本に関わり合った人は懐かしがったかと思います。

スピカ　これも初期のご神示なのですね。

黒川　初期のご神示だと思います。

スピカ　力強い感じですね。

スピカ　それでは、次の方です。三五六、K様。

三五六

スサナルの大神様、この世の大神様ぞと申してあろうがな。間違いの⦿⦿《かみがみ》様、この世の罪穢《けが》れを、この⦿様に着せて、無理やりに北に押し込めなされたのざぞ。それでこの地の上を極悪⦿が我《われ》の好き候《そうろう》に持ち荒らしたのぞ。それで人皇《じんのう》の世と曇り汚して造り変え、仏《ほとけ》の世となりて、さらにまぜこぜにしてしもうて、わからんことになりて、キリストの世に致して、さらにさらにわからんことに致してしもうて、悪の仕組どおりに致しているのぢゃぞ、わかりたか。

黒川　「五度の岩戸閉め」というのが日月神示にあります。

記紀神話では岩戸隠れは1度ですが、岩戸閉めは5回あったのです。

最初はイザナギとイザナミが夫婦別れした。2回目がアマテラスオオミカミの岩戸隠れ、3回目はスサノオノミコトが罪咎《つみとが》を負わされて天上を追放された時、4回目は神武天皇から時代が変わった時。5回目は仏教が伝来した時です。

岩戸閉めは、神話ではアマテラスオオミカミが岩戸にこもって、その後、神々が岩戸を開いたから明るい世界が来たというストーリーですが、大本教『大本神諭』が読みかえた内容は、アマテラスオオミカミが岩戸にこもっていたときに、困った神々がきれいごとを言ったりウソをついて、アマテラスオオミカミをだまして外に出す。

そういうだますとかきれいごとを言うのは、神話の中ではトリックスター、知恵の象徴でもあるのですが、日本の本来の働き、「マコト心」を持って、岩戸からアマテラスオオミカミを出さなければいけなかった。

ウソとか方便で岩戸から出たアマテラスオオミカミは、ウソと方便のアマテラスオオミカミで、ニセモノの神だ、本当のアマテラスオオミカミは、いまだに岩戸にこもっているとするのが、出口なおの「お筆先」に記された大本教の教義です。その延長線で、大本教でも岩戸閉めは1回だけど、日月神示は5回の岩戸閉めがあって、5回を一度に開くと言われています。

仏教では五智如来《ごちにょらい》、五行、五仏など、感覚を全て5つで捉えて、その5つを同時に開放する「五智の岩戸開き」を兼ねています。

日月神示にはそういう言葉はないですが、内容は一緒です。

「スサナルの大神様」は5回の中でもメインだったと言われています。

スサノオの「ス」は㋜のス、本来のスの言霊の働きをする神です。

スが天地創造です。「あれ」（生れ）とか「あら」（顕）という古語があって、その働きが「荒ぶる」です。だから、荒ぶる神と言われている。

「みあれ」は「生まれる」の意味で、賀茂の御阿礼《みあれ》祭りは、生命を出現させる祭りです。

スからあらわす働きがスサノオの神で、日月神示は「スサナル」と書いています。

「スサナル」は「日月の巻」第二十八帖が初出で、「スサナオ」と「スサナル」は神格が違います。

スの言葉が「成る（鳴る）」、スの言霊の働きを「スサナル」と言っているのです。これは人格神ではなくて、言霊の働きです。それがスサナルです。スの言霊の働きを捨ててしまったのが、5回の岩戸閉めの一番の問題だと日月神示は言っています。

スピカ 捨ててしまった。

黒川 スからあらわれる働きは「すうおあえい」と同じです。「人皇《にんのう》の世」は神武天皇です。「仏の世」は仏教伝来です。「キリストの世」は明治のことです。日本の神の道がどんどん曇ってわからなくなる。「曇り」は禊ぎをする前の、スに穢れが重なっていく時代です。頑固な汚れは一生懸命やらないと取れない。それが荒ぶる力です。これを祓《はら》う。荒ぼうきで最初に大きく掃いて、絹の雑巾できれいに拭いていかないと、日本の神の子はきれいにならないと王仁三郎は言っています。そういう働きです。日本が戦争で負けてGHQが財閥解体とか農地解放をした。その10年以上前から大本教の昭和神聖会は、同じことを主張していたのです。だけど、当時日本の国内では変革勢力として全部潰されてしまった。GHQの国内政策の半分は、既に戦前から日本国内にあった主張で、達成されていなかったことを逆にGHQがやったので、マッカーサーが日本の神床《かみどこ》を掃除したと王仁三郎は言い評価しました。「マッカーサーは臍《へそ》だ、朕より上にある」。

そういう荒ぶる働きをマッカーサーはしたと言えます。

スピカ　先ほどの悪とか善とか釣り合いというところとつながっていますね。

黒川　私の父も含め「泣く子も黙るマッカーサー」と言ってみんな怖がっていたけど、日本の文化の発展に関しては随分いろいろ貢献しているのです。だから、悪に見えても悪ではなかった。

マッカーサー元帥はみんなに懐かれて、帰るとき、みんな泣いて追いかけたという話があります。

スピカ　「悪の仕組」、悪で開く仕組み。

黒川　そういう働きも言っています。

スピカ　では、お次の方、一七六、T様。

一七六　江戸の仕組済みたら尾張の仕組にかからすぞ。その前に仕組む所あるなれど、今では成就せんから、その時は言葉で知らすぞ。宝持ち腐りにしてくれるなよ、猫に小判になりてくれるなよ。

この時代背景がわからないのですが。

黒川　これも初期のご神示です。江戸は、明治になって東京と改名します。なぜ江戸と言うかというと、仏教の経典に厭離穢土《おんりえど》という言葉があるのです。穢れた場所という意味です。

その厭離穢土、罪・穢れがたまったところということを東京でなく「江戸」と穢《え》土《ど》をひっかけてある。

　掃除しなさいという神示が最初からすごく出てきます。火で祓うということを言っているのにもつながっているのですが、穢れを祓うのは、時代劇「銭形平次」で、おかみさんが玄関で「いってきな！」と火打石で打ち祓います。「江戸の仕組」とは、穢れを火で祓う仕組みで、物理的には東京大空襲とか日本中が空襲に遭ったことも一つにはあります。

「尾張の仕組」の「尾張」は、中京地区名古屋の地名を当てますが、世の中の「終わり」の当て字です。

スピカ　エンド。

黒川　易経を見ると、「終始」という言葉があって、終わったら始まる。宇宙の循環です。

　江戸と尾張は等価で、サイクルの終わりです。終わりが終わって、穢れが祓われたら、また始まる。

　映画『マトリックス』の人類の都市ザイオンが滅亡して、6度目に生まれ変わるかのストーリーみたいにです。尾張には終わりが兼ねてある。

「その前に仕組む所ある」は、天明さんがご神示でいろいろなところを回ったということをあらわしています。

「今では成就せんから、その時は言葉で知らすぞ」は、天明さんの時の話は「筆」で書いていた、最後のほうは言葉になるのです。

「神示・筆」の「ふで」は、物理的な伝達ですが、それをもっと〇九十（マコト）の世界、言霊とか御言《みこと》、マコトと言葉があるように、言葉（九十ノ八《コトノハ》）、言霊（九《コ》十〇《トダマ》）で伝達するということを予言しているのです。

スピカ　自動書記だったものの、ご神示が聞こえてくるということですか。

黒川　自動書記から、今度は「ミミに知らすぞ」という言葉があります。ミミは耳と身の両方をいいます。体に直接知らせるぞということです。

スピカ　わかるという感覚もあるわけですね。

黒川　言葉を体に響きで知らせるのでしょう。

自動書記は、心霊現象としては粗い部類です。

こういう現象には、高い神は本来はあまり関与してこない。だけど、神が七七七と何通りも展開して、高級神から特別に指示を受けるときもある。

神示が降りてくるということは、実はあまりないのです。いろいろなところで「続きはどこにあるんですか」とよく聞かれますが、そうはない。言葉とかインスピレーションみたいなものは、皆さんもそれぞれにあると思いますが、ふとしたお知らせです。

九十（コト）の知らせは、ふとしたインスピレーションで、どなたにも訪れ（音連れ）ます。耳に知らせる響きにどれだけ感応するかです。

実際、皆さんにも神示の続きのお知らせは、おのおのに訪れる。それを知るかどうか。それまでの間に「江戸の仕組」、「尾張の仕組」があると言っている。「猫に小判」は、せっかく教えが訪れているのに、皆さん、猫が小判を見せられて「ニャア」（モノマネする）とする、みたいになっています。

スピカ　ありますね（笑）。

黒川　自分も人のことを言えないのです。「ニャア」になっている。そういう「猫の小判になりてくれるなよ」ということに至る道です。

スピカ　わかるという感覚、インスピレーションをそれぞれで大事に受けとめてください。

スピカ　次は、四一二、O様。

四一二

天地一度に変わると申してあること近づいたぞ、世は持ちきりにはさせんぞよ、息吹《いぶき》払いて論《ろん》なくするぞ、コトなくするぞ、物言われん時来るぞ、臣民見当とれんことと申してあろうが、上《うえ》の人辛くなるぞ、頑張りてくれよ。

黒川　「天地一度に変わる」も、先ほどからの、世の7度目の変わりとか、宇宙のサイクルのことを言っています。

「持ちきり」は、お大尽《だいじん》、カネ持ち、モノ持ちの人のことです。ある特定の人たちが富とか権力を独占するようなことはなくなる。させない。

「息吹払いて」は、掃除の働きです。

いっぱい持っている人に、息吹がバーッと来て、みんなバーッと飛ばされる。

「論なくする」は、学のことです。知恵、学と神の戦いみたいなことです。

「コトなくするぞ」は、次の「物言われん時来るぞ」にかかります。

これは初期の神示で、戦時中の統制経済のことを言っているのだと思います。

物言われぬときが来る。戦時中は、きょうくらいの人が集まっても憲兵隊が来て、監視されたのです。

天明さんたちがお祀りするとか、富士や鳴門で神事をするとか、神示で指示が降りたとするにも、当時は困難がありました。

人が集まることが困難だった時代で、普通の人が自分の意見を言える時代ではなかったのです。

「来るぞ」は、もう来ていました。

「臣民見当とれんことと申してあろうが」は、普通の人はどうしていいかわからない時代が来ていた。

「上の人辛くなるぞ」は、昭和19年当時の偉かった人たちが終戦後、皆没落しました。

「頑張りてくれよ」と、当時の状況を言っていますね。

スピカ 天明さんに「頑張りてくれよ」と言っている感じですかね。

黒川 こういうことはまた来ます。

スピカ 繰り返す。

黒川 繰り返すので、気をつけてください、頑張りてくださいということです。

スピカ　では、次です。三五二、S・K様。

三五二

⊙の力がどんなにあるか、今度は一度は世界の臣民に見せてやらねば納まらんのざぞ、世界揺すぶりて知らせねばならんようになるなれど、少しでも弱く揺すりて済むようにしたいから、くどう気つけているのざぞ、ここまで世が迫りて来ているのぞ、まだ目醒めぬか、⊙はどうなっても知らんぞ、早く気付かぬと気の毒出来るぞ、その時になりては間に合わんぞ。

黒川　神示が降りてきた昭和10年代は、日本列島の活動期で地震がすごく多かったのです。

東海地震とか中南海地震も終戦直後に起きていた。

当時の軍需工場は中部地域に多かったのです。そこが昭和19年の地震で全部壊れてしまった。

それで実質、戦闘機などをつくる能力がほとんどなくなってしまったという側面もあって、「世界揺すぶりて」。

あと、富士山が噴火する徴候も前からあって、天明さんはそれを調べて、わかっていたと思います。地熱が上がっていた。それと戦争が重なっていたのです。戦争中だから、天気や地震に関する情報は全部隠されていたので、被害も公式発表されていなかった。いまだにされていません。

死者数も、当時の現場の人たちが数えたものしかわからないから、実際に戦争前後の地震で亡くなった方の人数はよくわかっていない。

軍需工場は当時働いていた中学生とかが、レンガが潰れてみんな下敷きになったとか、そんな話しか残っていないのです。

そういう状況は、天明さんも物理的にわかっていたと思います。

そういういろんな言葉があった。

スピカ　「◉（スのかみ）はどうなっても知らんぞ」は。

黒川　「どうなっても知らんぞ」は、当時の地震のことだと思います。

「世界揺すぶりて知らせねばならん」ようなことが、まさにそれですね。

東日本大震災のときにも、同じような状況が繰り返されました。

日本列島の13カ所で火山活動があって、後で火山学者は「あの時富士山が噴火しなかったのはおかしい」と言うのです。

あの時に富士山は噴火しているはずなのですが、噴火しなかった。そのとき祈っている人たちがいたのです。

スピカ　富士山一周しました。

黒川　そういう人々がいて、大難が小難無難になるのは本当だと思います。学者は「富士山が噴火しないのはおかしい」としか言えないんだけど、実際に噴火しなかった。

あのとき富士山が噴火したら、それこそ日本はとんでもないことになっていました。

次は南海トラフが危ないとかありますが、それも大難を小難にするしかないですね。

スピカ　目覚めて、スの力がとてもあるということを感じながら、きょう出てきたことを心にとめて乗り越えていきましょう。

黒川　よろしくお願いします。

スピカ　では、次の方。三五七、T様。

三五七

世界中が攻め寄せたと申しても、誠には勝てんのであるぞ、誠ほど結構なものないから、誠が◉風《かみかぜ》であるから、臣民に誠なくなりていると、どんな気の毒出来るかわからんから、くどう気つけておくのざぞ、肚《はら》、掃除せよ。

黒川　「世界中が攻め寄せ」てくるとは、もとは天理教の『とめふで』にありました。

大正時代、世界中が日本に攻め寄せて、大変なことになるとは大本教でも予言された。

第二次世界大戦はドイツとイタリアが同盟国でしたが、ドイツもイタリアも攻めてくる。世界中が日本に攻めてくる。それは、最初に説明した、ヒノモトとカラの関係です。

本来の働きは、ヒノモトは霊、カラクニ（外国）は体《たい》の働きです。

ヒノモトが霊《ヒ》の働きをしないと、体だけの働きになる。体だけの働きになると、がん細胞が増殖するように、勝手に膨張します。現在のロシアみたいな感じですね。

がん細胞は今度はめったやたらに周りを攻撃します。そういうことを言っている。

それはヒノモトとカラクニの関係性、まさに「ひふみ」です。

それが反転すると、ヒの国に対してミの国が攻めてくる。秩序が反転してしまう。

「誠には勝てんのであるぞ」は、制御する。「誠」は「〇九十」です。

「ヒフミヨイムナヤコト」のコトの力は、体と霊が反転しても、「ひふみ」に戻す力を持っている。

「誠が⦿風《かみかぜ》である」は、戦時中に神風が吹いてアメリカ軍は全滅すると軍部が言っていた、そういう神風ではないということです。

「肚《はら》、掃除せよ」は、肚が中心で、肚を禊ぎして息をする。神風伯《かみかぜのいき》です。誠の息吹、コトタマを発生させる。中心は肚から始まるということを言っているのです。

スピカ　お一人お一人の肚。

黒川　高天原の肚。

スピカ　高天肚から生まれ、肚を掃除する。

スピカ　お次の方です。四八八、K・Y様。

四八八

幽界と申すのは凸凹の写しの国と申してあろうがな、地獄ではないのざ。仙人は幽界に属しているのざと聞かしてあろうが。取り違いして御座るぞ。

黒川　「幽界」はカクリヨという意味です。

現界はウツシヨと言います。ウツシ（写し）がある。写しがあるということは、もとがある。元は隠れている。

写されたものが現界（ウツシヨ）、現界のもとは幽界です。

幽界・現界の2つは鏡合わせみたいになっていて、「凸凹」という言い方をしているのです。

現界にある原型を文豪ゲーテは「イデア」と言いました。それは幽界に原型がある。

幽界の原型に対して、現界はウツシヨだから、写されて出現しているんだけど、こっちの世界から幽界に対して通信するというか、つながることができる。幽界から現界に働きかけ、もとをただすと、またそれが幽界に戻ってくるのです。

スピカ　循環するのですね。

黒川　そう、循環する。経綸は型です。

ひな型経綸というのは、現界で型をつくることによって、その型を幽界に写し直すというか、戻す。それで設計図を書きかえる。遺伝子を書きかえるみたいなことをする。
現界からカクリヨに、そしてカクリヨから現界に写し戻すことによって、現界を変えていくというシステムです。

スピカ 見える世界、見えない世界の共同作業ということですね。

黒川 「仙人」は幽界に属していますが、現界と幽界を行き来する者がいた。有名なところでは宮地水位《みやじすいい》がいます。
肉体を持ったまま仙界に行って、向こうの石を持って帰ってきた。何で石があるのかと思うのですけれども、持ってくるという話は古い時代からある。
宇宙人に連れられて、円盤に乗って宇宙に行き、何か持って帰る話と同じです。行き来する人のことを「仙人」と言っているのです。これまで転生したいろんな仙人がいます。それを書いている神示もあります。天仙《てんせん》、地仙《ちせん》、托仙《たくせん》……。

スピカ 映し鏡という、見える世界、見えない世界。

人も一人一人の働きで変えていけるよと。

黒川　一人一人変えていけばいい。全員仙人になれるのです。

スピカ　では、お次の方。二四九、M様。

二四九　取られたり、取り返したり、こねまわし、終わりは㋡の手に甦《よみがえ》る。

黒川　すごく意味深ですね。説明が不要な気もします。

「取られたり、取り返したり」、やりとりですね。

相対しているAさんとBさんの間のやりとり。現界ではAさん、Bさんですが、きょう話したみたいに、神と人だったり、幽界と現界だったり、相対している。

相対していることをウケヒといいます。ウケヒはお互いに影響し合うのです。

「取られたり、取り返したり」という将棋の駒みたいな表現を使っていますが、本来は霊的なことなので、お互いに影響を受ける。これは神事の基本です。

「こねまわし」の九《コ》の働きです。「ヒフミヨイムナヤコト」のコで、九《コ》は「凝る」の義です。

「終わり」は尾張名古屋の尾張ですが、この世界の一つの循環の終わりでもあるのです。

「⦿(かみ)の手に甦る」の「甦る」は、黄泉《よみ》帰るです。

生き返る意味だけど、黄泉から帰るから「甦る」。黄泉とこの世を、取ったり取られたりのように行き来する。

行き来するのは、吸う息・吐く息です。「生き=息」吸う息・吐く息するだけで、行き来している。吸う息・吐く息を火と水に捉えて、その循環で世界が回っていることを日月神示でも大本教でも言っています。

スピカ　先ほどのこととも通じますね。

黒川　全て通じて、大団円してしまって、選んだのかというようなご神示ですね。狙ったんですか?

スピカ　Mさん、狙いましたか?(笑)

個人であり、世界であり、また神と人、幽界と現実界。

黒川　これはウケヒのことです。神の手に甦る。拍手をする手だと思います。「こねまわし」は片手ではできない。両手でこね回す。両手、2つの手を合わせる働きのことを言っていると思います。私は琉球舞踊のコネリ手を思い出しました。

スピカ　終わりは神の手に甦る。また始まる感じもしますね。すごく大きな循環を感じるシンプルなご神示でした。

これで全部ですね。読み上げられていない方はいらっしゃいますか？

皆様のおかげさまで、すばらしいご神示、深い解説をいただきました。黒川先生、ありがとうございました。（拍手）

——先生、ありがとうございました。いつもスピカさんと勝手にやっているのですけれども、きょうはレベルが深く、10倍、100倍、すばらしかったです。

言霊発声の実習

黒川 最後に言霊発声の実習をしようと思います。

「ヒフミヨイムナヤコト」の数歌や、スから始まる宇宙発生論を学びましたが、大和言葉は「あいうえお、かきくけこ」の五十音とか七十五声と言われます。

この並びは小学校とか幼稚園で習いますが、言霊は「あいうえお」ではなくて、「あおうえい」の順なのです。

「あおうえい」は、アーオーウーエーイーで、「あ」から始まる。

仏教には阿吽《あうん》がありますが、「あおうえい」だけで全ての宇宙の成り立ちを説いているのです。

それはどういうことかというと、⦿（ス）の言霊がある。⦿の言霊というときのスは、発音はできるんだけど、「さしすせそ」の「す」ではないのです。

宇宙の最初の息だから、口から風が出るときのスッという感じです。これがスです。

スピカ　スッと言ってみると、すごくわかりますね。

黒川　息を出すスッスッという感じの音です。このスが延びると、スーゥでウになる。

今度は、スウオアエイとなります。

大和言葉は全部母音になるのです。

「ウ」は口がすぼまった形です。

宇宙のビッグバンの最初の兆しの「ホチ」という働きは、スッと出て、そのまま口はすぼまっている。

「ウ」は「生まれる、海」のウです。

スーゥの「ウ」のすぼまりが、⦸の「ヽ」をあらわしています。その「ヽ」が、スーゥから、ラッパのように広がっていき、外周のマルになります。これはアとオです。スゥーオーアーと言うと、「ヽ」から音で⦸が形づくられます。

最後に、エーイーで、エの舌の形とイの舌の形を感じてもらうとわかるのですが、エーは舌が横に延びていく形の言霊㊀です。イーは舌が縦の形⦶です。

⦸のスゥーオーアーで丸くなった形から、横に線がピッと入ってエー㊀です。イーで今度は縦に線がピッと入る⦶。

そうすると、⊕の形になります。これは「世界」のシンボルです。

スゥーオーアーエーイー、大和言葉のこれだけで宇宙ができちゃった。宇宙をつくっちゃったのです。

スピカ 皆さん、ぜひ一緒に。

黒川 皆さんで最後に実習しようと思います。

スピカ 立ったらいいかもしれないですね。立ちましょう。

黒川 腹式呼吸なので、立ったほうがいい。

腹式呼吸を感じながら音を出してもらうと、感覚がわかりやすいし、今いる部屋のこの構造で一回やってみよう。きょうは響くかな。

まず、宇宙の⦸（ホチ）がスです。スッから始めます。

一同 スッ、スッ、スッ、スゥーオーアーエーイー。

黒川 これは一息でやります。数回、腹式で大きく呼吸していただいて、鎮魂《たましずめ》する。

鎮魂した形、宇宙の最初の形に意識を戻していく。

スピカ　音の高さは何でもいいのですね。それぞれが出しやすい音で。

黒川　皆さんの中から出てくるもの、中から出てくる宇宙です。

高天原の「はら」から出てくる宇宙。スゥーオーアーエーイー、一息で修める。

一同　スゥーオーアーエーイー。（計4回唱和）

黒川　（2拍手）ありがとうございます。

このスゥーオーアーエーイーは、「祖言葉《おやことば》」という宇宙発祥の、言霊発声の基本です。

ここからいろんな形が派生して、王仁三郎は四方に向かう。天皇の四方拝という儀式があるじゃないですか。四方に言霊を発声するのが、王仁三郎が修めた四方拝の所作です。

今は、宮中も全て簡略化ないし失伝しています。今日読んだ神示に、東について書かれていましたが、「東西南北でないぞ」というのがまさにそれで、あれは言霊の発声のことです。

スピカ　深いです。

黒川　王仁三郎が言霊発声の解説も書いています。『天祥地瑞《てんしょうちずい》』は『霊界物語』の奥義篇の第七十三巻冒頭に、宇宙の成り立ちを全部言霊で説明しています。
活字になると黙読してしまうんですが、音読しながら体感するのが本当です。

スピカ　音にして。

黒川　体感する。それが言霊です。
大本教で大正時代に言霊隊を結成して、祝詞奏上すると台風が発生したり、台風の進路を避けたりと、縦横無尽な言霊の神力が実践されました。
戦後になると、神社風な祝詞に変更され、だんだん神力の実感はなくなって、わからなくなってしまう。言霊は実習しないと意味がないです。

スピカ　そんな会もぜひやりたいですね。

黒川　今日は、ほんのさわりで、最後に言霊を実習しました。
何回も来てくれている方がいらっしゃるので、資料をお配りします（162ページ）。

背景を説明することができませんでしたが、「ひふみ」が霊力体ということを念頭に入れていただくと、おもしろいと思います。

きょうはどうもありがとうございました。

スピカ　すばらしい実習でした。皆さん、体感できましたでしょうか。

ありがとうございました。（拍手）

【配布資料】

スオアエイ　言霊による宇宙の発生をあらわす。

⦿中心の点（ホチ）は宇宙の種（始原の兆し）、外周の○は宇宙の創造現在をあらわす。

出口王仁三郎は『天祥地瑞』で、言霊による宇宙発生論を書いている。

第七十三巻　子の巻
第一篇　紫微天界
第一章　天之峯火夫《あまのみねひを》の神

天もなく地もなく宇宙もなく、大虚空中に一点の丶《ホチ》忽然と顕れ給ふ。この、丶たるや、すみきり澄みきらひつつ、次第々々に拡大して、一種の円形をなし、円形よりは湯気よりも煙よりも霧よりも微細なる神明の気放射して、円形の圏を描き、⦿を包み、初めて⦿《ス》の言霊生れ出でたり。此の⦿の言霊こそ宇宙万有の大根元にして、主《ス》の大神の根元太極元《たいきよくげん》となり、皇神国《すめらみくに》の大本《だいほん》となり給ふ。我日《ひ》の本《もと》は此の⦿の凝結したる万古不易《ばんこふえき》に伝はりし神霊の妙機《みようき》として、言霊の助くる国、言霊の天照る国、言霊の生《い》くる国、言霊の幸はふ国と称するも、此の⦿の言霊に基くものと知るべし。

　キリストの聖書にヨハネ伝なるものあり。ヨとはあらゆる宇宙の大千世界《だいせんせかい》の意なり、ハは無限に発達開展《はったつかいてん》、拡張の意なり、ネは声音《せいおん》の意にして宇宙大根本の意なり。ヨハネ伝首章《でんしゆしよう》に曰く、『太初《はじめ》に道《ことば》あり、道《ことば》は神と偕《とも》にあり、道《ことば》は即ち神なり。此の道は太初に神と偕に在き。万物これに由《より》て造らる、造られたる者に一《ひとつ》として之に由《よ》らで造られしは無』と明示しあるも、宇宙の大根元を創造したる主《ス》の神の神徳を称へたる言葉なり。

　清朗無比にして、澄切り澄きらひスースースースーと四方八方に限りなく、極みなく伸び拡ごり膨れ上り、遂に⦿は極度に達してウの言霊を発生せり。ウは万有の体を生み出す根元にして、ウの活動極まりて又上へ上へと昇りアの言霊を生めり。又ウは降っては遂にオの言霊を生む。
⦿の活動を称して主の大神と称し、又天之峯火夫《あまのみねひを》の神、又の御名を大国常《おおくにとこ》立神《たちのみ》言《こと》と奉称《ほうしょう》す。大虚空中に、葦芽《あしがび》の如く一点の丶発生し、次第々々に膨れ上り、鳴り鳴りて遂に神明《しんめい》の形を現じたまふ。⦿《ス》神《しん》の神霊は⦿の活動力により
て、上下左右に拡ごり、⦿極まりてウの活用を現じたり。ウの活用より生《あ》れませる神名を宇迦須美《うがすみ》の神と言ふ、宇迦須美は上にのぼり下に下り、神霊の活用を両分して物質の大元素を発生し給ひ、上にのぼりては霊魂の完成に資《し》し給ふ。今日の天地の発生したるも、宇迦須美の神の功《いさを》なり。ウーウーウーと鳴り鳴りて鳴極まる処に神霊の元子《げんし》生れ物質の原質生まる。故に天之峯火夫の神と宇迦須美の神の妙の動きによりて、天津日鉾《あまつひほこ》の神《かみ》大虚空中に出現し給ひ、言霊の原動力となり七十五声の神を生ませ給ひ、至大天球《しだいてんきゅう》を創造し給ひたるこそ、実に畏《かしこ》き極みなりし。再拝。

第二章　高天原《たかあまはら》

ここに宇迦須美の神は⦿の神の神言《みこと》もちて、大虚空中に活動し給ひ、遂にオの言霊を神格化して大津瑞穂《おおつみづほ》の神を生み給ひ、高く昇りて天津瑞穂《あまつみづほ》の神を生ませ給ひぬ。大津瑞穂の神は、天津瑞穂の神に御逢ひてタの言霊、高鉾《たかほこ》の神、カの言霊、神鉾《かむほこ》の神を生ませ給ひぬ。高鉾の神は太虚中に活動を始め給ひ、東に西に南に北に、乾坤巽艮《けんこんそんごん》上下の区別なくターターターター、タラリタラリ、トータラリ、タラリヤリリ、トータラリとかけ廻り、神鉾の神は、比古神《ひこがみ》と共にカーカーカーカーと言霊の光かがやき給ひ、茲《ここ》にいよいよタカの言霊の活動始まり、高鉾の神は左旋運動を開始し、神鉾の神は右旋運動を開始して円満清朗なる宇宙を構造し給へり。茲に於て両神の活動《はたらき》は無限大の円形を造り給へり。この円形の活動をマの言霊と言ふ、天津真言《あまつまこと》の大根元はこのマの言霊より始まれり。

　高鉾の神、神鉾の神、宇宙に現れ給ひし形をタカアと言ひ、円満に宇宙を形成し給ひし活動をマと言ひ、このタカアマの言霊《げんれい》、際限なく虚空に拡がりて果てなし、この言霊《げんれい》をハと言ひ速言男《はやことのを》の神と言ふ。両神は速言男の神に言依《ことよ》さし給ひて、大宇宙完成の神業《みわざ》を命じ給ふ。速言男の神は右に左に廻り廻り鳴り鳴りて螺線《らせん》形をなし、ラの言霊を生み給ふ。この状態を称してタカアマハラと言ふなり。高天原の六言霊《ろくげんれい》の活動《はたらき》によりて無限絶対の大宇宙は形成され、億兆無数の小宇宙は次《つい》で形成さるるに至れり。清軽《せいけい》なるもの、霊子の根元をなし、重濁なるものは物質の根元をなし、茲にいよいよ天地の基礎は成るに至れり。

[後略]

第四部

禁欲でなく欲の聖化へ!?
欲が無限に広がり
新しきものを生み出す!!

――『日月神示　日々瞬間の羅針盤』解説篇

時は今、
【日月神示】大峠、岩戸開きイベント

講師　黒川柚月氏

日時・2023年10月15日（日）

――「音の日月神示」にようこそいらっしゃいました。ありがとうございます。
第一部は、黒川柚月先生の解説つきの神示ご披露です。(拍手)
読み上げは、すわ☆水鈴 Spica さん。(拍手)
そして、第二部のメインステージを務めていただきますディジュリドゥ奏者のKNOB(ノブ)さんです。(拍手)
すわ☆水鈴 Spica(以下スピカ) そして、Hi-Ringo(ヒーリンゴ)さんです。(拍手)
きょうは、せっかく黒川さんがいらっしゃいますので、KNOBさんと祝詞を奏上していただこうかと思います。よろしいでしょうか。
黒川 はい。
スピカ 石笛《いわふえ》と祝詞のお話は何かありますか。よろしければ、黒川さんから解説をぜひよろしくお願いします。
これはどういう石笛ですか。
黒川 もともと石笛は、現代のような楽器という概念のない時代から、天然の石に穴があいたものを笛にして吹くという一番古い楽器です。

最近ちょっとポピュラーになってきましたが、本当の石笛は神から授かるものなので、石笛を授かるところからが実は修行です。

でも、最近は利便性が追求される世の中なので、石笛もインターネットサイトで販売されていたりしますが、自然の流れで神から授かるという最初の修行を省いてしまっているわけです。

とても、もったいなく感じます。

探してみればわかりますけれど、穴のあいた自然石は河原で探しても中々見つかりません。

海辺に行くと比較的見つかりますが、でもそれは虫が砂岩にあけた穴で、本当の石笛として使うものは火山性の硬い岩です。

ですから、海ではなく、火山系の山から流れる川の上流で採るものです。

こういう穴は、石の組成の違いから長年の侵食作用で穴になった、溶岩が固まる過程途中で岩から空気が破裂した跡が穴になっている岩もまれにあります。それが本当の石笛です。

なぜなら石笛は、密度の高い石でないと超音波域の音が出ないからです。

例えば犬笛とか、人間には聞こえない領域の音があって、その人間に聞こえない高音域が実は神とつながる世界の音域なのです。

普通のピューッと吹く笛や、今では伝統芸能の能でも、笛を吹くと神があらわれるとか、夜に口笛を吹くと蛇が出るといった話がありますが、その大もとは石笛です。

石笛の音は超音波域なので鼓膜では聞こえませんが、骨伝導で聞こえます。

複数の石笛を同時に吹くと超音波域の共鳴が起こり、共鳴が起きると、クリスタルボウルのようなボワーンという振動が石笛の音の反響で起きます。

人間はそれを鼓膜ではなく骨伝導で感じるので、全身にブワワワーンと音を感じる。古代人は神を感応したしるしだと受け取っていました。

それでご神事や祓いや鎮魂などで石笛を吹いて、そこから祝詞に入るわけです。

今回の祝詞奏上も、現在の神社本庁でやっているような形式ではなく、謡《うたい》とか声明《しょうみょう》といった伝統があって、千年前から伝わっている抑揚ある祝詞を上げます。その音声の中にも石笛の音域がまじっているので、両方奏上することにより身体に染み込んでいく。

西洋の音楽とは全く違う世界です。僕はピアノも弾けないし、西洋音階も全然わかりませんが、体で覚えた石笛や祝詞はずっとさせてもらっています。

きょうはKNOBさんが来てくださったので、KNOBさんとコラボでやらせていただこうと思います。

スピカ　では、KNOBさん、こちらへどうぞ。（拍手）

きょうは急遽、お二人にやっていただくことになりました。

それでは、お二人の石笛の共鳴と祝詞奏上です。よろしくお願いします。

〈祝詞奏上〉

黒川　祓い（神事）で祝詞を上げさせていただきました。

KNOB　この三環鈴《さんかんれい》（演奏で使用した鈴）は、古墳から出てきている、天河神社の五十鈴《いすず》の原型だと言われています。きょうはご一緒できてありがたく思います。

スピカ　すばらしかったです。ありがとうございます。

黒川　ゾクゾクしました。涙が出そうでした。

KNOB　急にやったので、喉が渇いてしまって（笑）。

スピカ　僕も、きょうはお仕事が終わったような感じです（笑）。

私ごとではありますが、20年くらい前に天河神社の川の上流で溶岩の固まった石笛を拾い、震災の後に富士山の周りで日月神示を唱えながら、偶然、吹ける人と2人で回ったら、石笛が無人島へ帰っていったんです。それって何でしょうか。

黒川　日月神示に「富士から流れ出た川には、それぞれ名前のついている石置いてあるから、縁ある人は一つずつ拾って来いよ」（下つ巻・第十六帖）とあるように、人も修行しますが、石笛も修行しているのです。

石笛に川の自然霊がついて、その人と一緒に日本中を回って吹かれることで石笛についている神霊も一緒に修行する。そして、ある程度になると卒業というのがあって、自然に還っていくことがある。自分もそういう経験があります。

津軽で拾って4年ぐらい使った石笛があったのですが、最後は、北朝鮮と中国の国境の白頭山にある天池という大きな火山湖に投げました。

インスピレーションで放り込んだ。

スピカ　石の意思のような感じ。いいお話ですね。とても不思議でした。

黒川　石笛もある程度になったら手放すものもあれば、ずっと何十年も持っているものもあって、因縁としか言いようがありません。

石笛を吹くことが本来の御神事です、音を神様に供えるとか、神様から石笛を授かるという霊験《れいげん》があります。

きょうは音の世界から入りましたが、天明さんは書や絵画をされていたアーティストです。天明さんの表現の仕方は「お筆先」、心霊現象でいう自動書記です。己の意思と関係なく手が勝手に動く書記現象です。

それも一つの芸術で、シュールレアリズムにオートマチックライティングがありますが、そういう形で表現された神典です。

お筆先とは、手より筆が勝手に先に進んでしまうような感覚があるので、大本教では自動書記のことを「筆先」と言い、日月神示は「神示《ふで》」と言っています。神から降りた「神示《ふで》」を、筆という物質（マテリアル）と表現するので、「神示」をなぜ「筆《ふで》」と言っているのか、初めは理由がわかりませんでした。

たまたまテレビをつけたら、当時やっていた大河ドラマ『武蔵 MUSASHI』の番組宣伝が映り、ナレーション女性がいきなり「今日から武蔵は二刀流になります」と言ったのです。「は？」と思いました。「神示《ふで》」とは、原文では「二て」と書かれています。

いわゆる「神の手」という言い方があります。マラドーナの「神の手」（サッカーワールドカップで、手を使ったと疑われた疑惑のゴールのこと）とか、キリスト教世界では、「神の手」は右手だけで、いいことは右手でして、左手はあまり表に出せない。だから、マラドーナは「神の左手」なんですが、要は片手だけです。

大和言葉では、片手は「片手」ですけれども、両手のことを「真手《まて》」と言います。片は「片方」の意味で、片方と片方がそろうと真《まこと》になるから「真手」です。だから、両手でパンパンと拍手を打つ。

日月神示では、「左は火ざぞ、右《みぎり》は水ざぞ」（日の出の巻・第二十二帖）左手が「火」、右手が「水」で、それをパンと合わせると火と水が噛み（神）合う形になります。

左右は高御産巣日、神産巣日の神の働きですが、火は人間の中にある霊《ヒ》、水は身《ミ》の形で、霊と体が一致するのが拍手の所作です。それを神前で行うわけです。

今の神社だと「パンパン」で終わってしまいますが、本当は「開手《ひらて》」と言って手を開いて受ける所作があります。神に祈りをささげたら、必ず向こうから返しがある。キャッチボールとして、ボールが返ってきたらキャッチャーミットで受けなければダメです。

そのままにしていたら、ボールがバンと当たってポロッと転がりますから、手を開いて受けるわけです。これが抜けている。

お相撲さんは土俵入りで必ずやっていますよね。パンパンと打った後、手を広げるのは「受け」の所作です。これは神道でも戦前まで一部で残っていました。でも、不思議なことに、「戦前は正しかった」と言う人がこういうことを知りません。

神示は、書いてある文章を読むということもありますが、その前提として、書いていない行間も含めて神示です。

天明さんはこういうこともすごく詳しかったので、天明さんとしては当然のことでした。神様を拝むのは、感謝をささげて受け取り戻す。これを「受霊《うけひ》」と言います。

所作も、人間の身体には正中線があります。剣道など武道をやるときには、正中線に腰を据えて、それから立っていないとできません。

正中の縦の動きは「火」です。ろうそくを燃やしたら、火は必ず上に上がっていきますよね。火は、さっき言ったように「左」です。それ対して、「水」は横の動きです。ポトッとたれたら横に広がって、上には行きません。

つまり、人が立って両手を広げたとき、縦軸「火」と横軸「水」で火水《カミ》になる、人体が宇宙をあらわしているレオナルド・ダ・ヴィンチの有名な図がありますが（178ページ）、あれと一緒です。人が神前に立ったとき「森羅万象を写す鏡」に

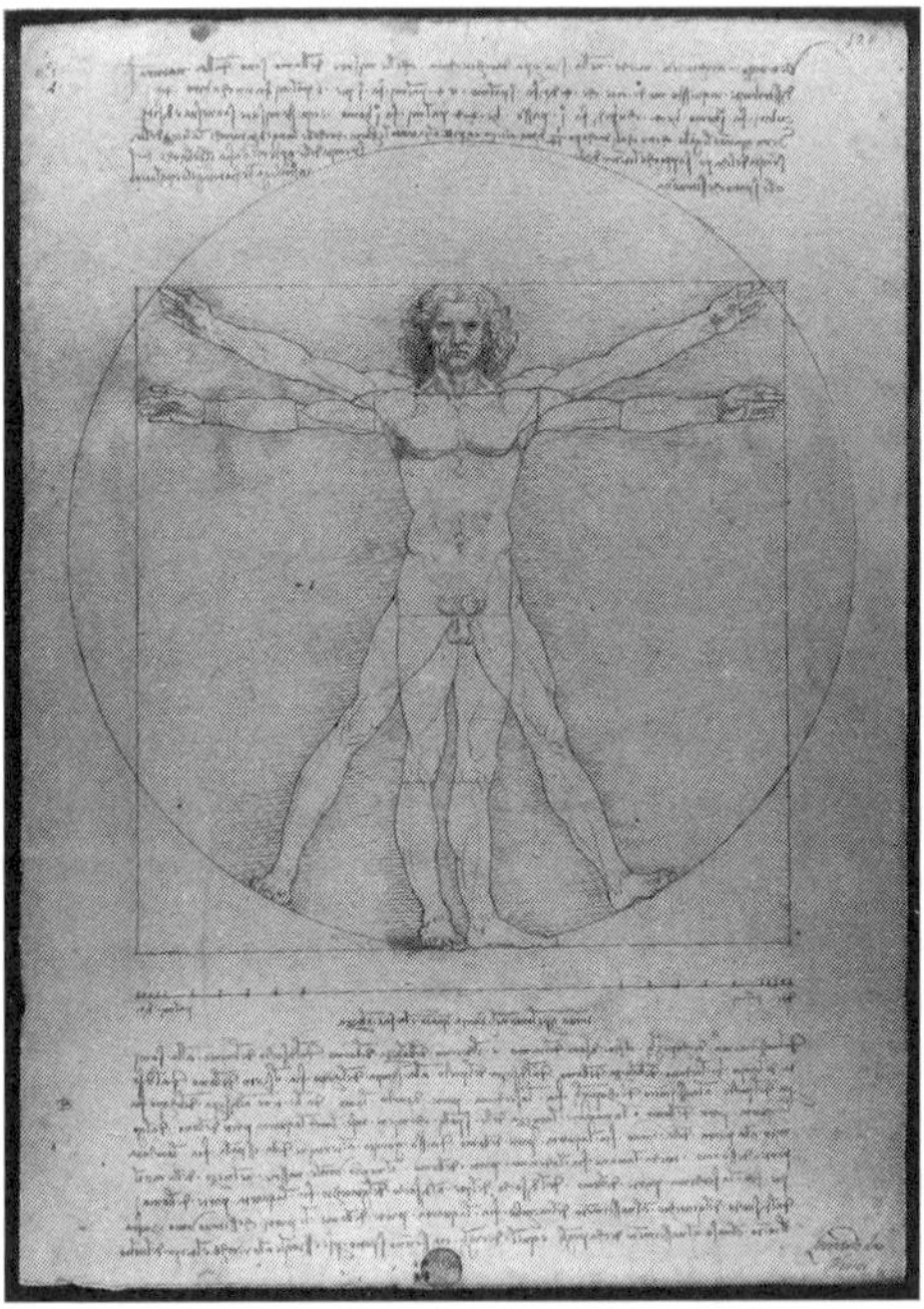

レオナルド・ダ・ヴィンチ
「ウィトルウィウス的人体図」

なり、人も宇宙になっています。

ですから、有職故実《ゆうそくこじつ》の神拝では、両手を水平に広げた状態から拍手する。でも、今の人はただパンパンと打つだけです。それは戦後の簡略作法です。

天明さんの祭式も今説明したような作法でした。

明治以降、正装が洋服になり、ラジオ体操で「整列！」とやったら、すぐ横に人がいますから、手を広げるとバーンと当たって「痛い」とか言われる。

そうじゃなく、神と人で対峙するときは必ず一対一で、手を広げる。武士の礼法の小笠原流の所作も同じでした。

スピカ　火と水、縦と横のすばらしいお話、そして祝詞と石笛、ＫＮＯＢさんも本当にありがとうございました。後ほどまたお願いいたします。

それでは、皆様への日月神示のお渡しを始めたいと思います。

――『日々瞬間の羅針盤』より、最初はT様。二四四、どうぞ。

二四四

そなたはつまらんことにいつも心を残すからつまらんことが出てくるのであるぞ。心を残すということは、霊界とのつながりあることぞ。つまらん霊界にいつまでくっついているのぢゃ。何ごとも清めて下されよ。清めるとは和すことであるぞ。

黒川　この説明は、今さっき話したことそのままです。

皆さんが神前で祈りをささげたら向こう（神様）から返ってくるので、受け取る。「そなたはつまらんことにいつも心を残すから」というのは、例えばバスケットボールで、ボールが来ても持ったままでいる、これが心残しです。ボールはシュートしないと。

シュートしたら得点が入って、次のボールが来ますが、そうしないで自分から止めてしまっている。

「心を残すということは、霊界とのつながりあることぞ」というのは、人の心（思い）つまり観念の世界は形而上世界（霊界）に由来するので、感応する思いは同種の霊界とつながりをつくる（思凝《しこ》り）とされます。

琉球（沖縄）では祈りの唄を「ウムイ（思い）」と言います。

人の思いは心であって、それがそのまま願い事だという発想があります。

これもやはり同じことを言っていて、神とは交流してキャッチボールしないといけない。それを「随神《かんながら》」（神の流れのままの意）と言います。

どちらかが止めてしまっていて、大概は人が止めているのです。「神様が聞いてくれないのです」と言う人は大体、耳を塞《ふさ》いでいる人です。ないしはボールを持ったまま。そうではなく、必ず手を開く。

「和す」の「和」は丸い輪の意味で、神示ではまこと（〇九十）とか心とか、和（〇）の世界であるぞと言っています。

――その次はK様。三二二をお願いします。これ、シンプルですね。

三二二

家の治まらんのは女が出るからぞ。夫立てると果報は女に来るぞ。天界に住む者は一人一人は力弱いが和すから無敵ぞ。幽界に住む者は一人一人は力強いが孤立するから弱いのぞ。仲よう和してやれと申す道理わかりたか。そなたは何万年の原因から生まれ出た結果であるぞ。不足申すでないぞ。

黒川　これには背景があります。

最初の「家の治まらんのは女が出るからぞ」は、封建時代では「女は三界《さんがい》に家なし」の喩《たと》えで、幼くは親に従い、嫁《か》しては夫に従い、老いては子に従えといった儒教的な、戦前までよく家で言われたようなことを思わせるフレーズから始まっていますが、日月神示においては「地震の巻」に展開されるスウェーデンボルグの世界観だと思います（エマヌエル・スウェーデンボルグ：1688年―1772年　スウェーデン王国の科学者・神学者・思想家。生きながらにして死後の霊的世界を見るという体験を機に心霊研究に入る。霊的体験を記した多くの著作を残し、後世の各界に影響を与えている)。

スウェーデンボルグの思想で、男女が結婚で一対になる「婚姻の秘跡」というキリスト教の神秘主義的な思想が日月神示「地震の巻」全体にあるので、その背景の中で出てきています。

この部分だけをとると、儒教的な昔の思想のことを言っているのではないかと思いますが、それは入り口で、その後に「夫立てると果報は女に来るぞ」。実は女性に霊的な生得権利がもっとあって、それは、亭主関白の家でも、かかあ天下の家でもなく、夫婦一致して生活して神に向かいましょうということを一番言いたいのだと思います。

「何万年の原因から生まれ出た結果であるぞ」。これは因縁とか仏教的な説明をしていますが、これ一つというよりは、「地震の巻」全体の天明さんが訳した世界観を読んでいくと、よりわかりやすいかと思います。

ここだけ読むと、ちょっと難しい文章ですね。

スピカ　「家の治まらんのは女が出るからぞ」というのは、出過ぎちゃならんみたいな意味ですか。

黒川　最初はそういうふうに捉えるんですが、そうではありません。

あくまでも「地震の巻」全体の思想は、男女が一対になって霊的結婚をするとスウェーデンボルグは言っています。

天明さんとずっと交流のあった群馬・前橋の桜井みすずさんからお聞きした中でも、まさに天明さんは、どこへ出かけるにも佳代子夫人（岡本天明の二人目の妻）と一緒だったと。戦前当時では珍しいことです。

天明さんは、神道の世界ですごく古風なことをやっている一方で、もともと芸術家肌の人で、奥さんへの接し方はとても「進歩的夫婦」だったと、桜井さんもおっしゃっておられます。

本当にスウェーデンボルグの言う理想の夫婦で、天明さん自身が夫婦一対になるということを実践していました。でも、当時の世の中は、女は家にいて家事をしろというのが一般的な時代だったので、そういう背景が出てきていますね。

――「幽界に住む者は一人一人は力強いが孤立するから弱いのぞ」、これをちょっと聞きたいですね。

黒川　大前提として、神界・幽界・現界という3つの世界があります。

本当はもっと分かれていると言われていますが、大まかにはその3つです。

幽界というのは、先祖とか、人の思いの因縁の世界。滝の行者で著名だった金井南龍《なんりゅう》は「思凝《シギョウ》」と言っています。

霊的実体として太古からあった神⦿（存在）ではなくて、人間の思いも、念が強過ぎると霊的存在をつくってしまう。それを、思いが凝り固まると書いて「思凝り」（しこり神）と言います。

いわゆるパワースポットと言ったら変かもしれませんが、野球選手がすごく活躍しているから大魔神社みたいなものをつくる。

「えっ？」と思いますけれども、人の思いが固まるとそんなふうに神社になってしまうんですね。一つのパワーが固まって、それでご利益を得たと主張する人もいます。それが幽界の働きなのです。

しかし本来は、神界・幽界・現界はさっき言った縦の流れの筋です。

例えば皇統《こうとう》とか、人々は祖父・父・自分・子とつながっている。

「子孫八十続《うみのこやそつづき》」と言いますが、生命の循環を木が生えてくるような形に象徴して、続いていくものだという思想です。

ですから、神・幽・現という世界も続いていくわけですが、その途中が肥大化してしまうと、神の世界との直通が薄くなってしまうんです。

病気で言えば途中が大動脈瘤《りゅう》で腫れてしまっているような感じです。

人生うまくいかない形になると、お稲荷さん信心みたいに、念の世界で、パッと念を込めたら相手が言うとおりになったとか、人間関係でも、相手のことをずっと思っていたらそのとおりになったとか、そういうことはありますが、それは本当の神の力じゃなくて、実は弱い幽界の力です。

そうではなく、神の世界につながっていきなさいと。そのときの道理は、夫婦2人が一組でいくのが神の世界だというのが日月神示の世界です。

――夫婦和合がもとみたいなのもありますよね。

黒川 そうです。「和合」という言葉を使っています。

――続きまして、二五二。こちらはＩ様。

二五二

そなたは神の中にいるのであるから、いくら暴れ廻っても神の外には出られん。死んでも神の中にいるのであるぞ。思う様《さま》やりて見て、早う得心改心いたされよ。

黒川 「そなたは神の中にいる」。

『古事記』神話、最初の「天地《あめつち》の初発《はじめ》の時、高天原《たかまのはら》に成りませる神……」の高天原は天上の神々の世界で、キリスト教の天国、ギリシャ神話だったらオリンポスの神々の世界のように、この世界とは別の遠くて高いところに神の世界があって、そこで神様が何かやって人間を幸福にしたり不幸にしたりする、それが神話の世界の一般的な理解です。

しかし、天明さんをはじめ秘教的な神道の世界の解釈では、高天原の「はら」は「腹」なんです。まさに「高天腹」。しかも、男性ではなく女性の腹（肚）で、子宮、身ごもる腹なのです。「はらむ（孕む）」という言葉があります。

また、高天原は「たかあまはら TAKAAMAHARA」で全てあ行の言葉です。

これは言霊では「天の行」といって、「たかあまはら」は全部、天の波動なんです。その中にHARA「腹」があって、実は腹という丸い輪の世界の中に宇宙がある。

高天原の外に宇宙があるのではなく、高天腹、特に女性の腹の中に宇宙があるのです。マトリクス（子宮）はラテン語が起源です。

ですから、天明さんはいつも、「全ては神の内にあるのであって、外にあるのではない」と言っていたそうです。

天明さんの千葉時代に同居した黒羽さんは、『「全ては大神様の中にいるということを常に考えて生きなさい』といつも言っていた」とおっしゃっています。

「たかあまはら」は「原っぱ」ではなく、特に女性の「腹」です。

腹とは臍下《せいか》の丹田《たんでん》も意味します。神道の修行である鎮魂法や、ヨガの瞑想法、道教の内丹法では、いずれも胎息《たいそく》して腹に戻るイメージをします。

特に女性は子宮が丹田の位置でもあるので、そこから宇宙が始まっていくイメージを追体験していくことです。

――続きまして、K様。2人いらっしゃるようですね。まずは男性の方から。五七七、どうぞ。

五七七

ナギ、ナミ夫婦神は八分通り国土を生み育てられたが、火の神を生み給いてナミの神は去りましたのであるぞ。物質偏重《へんちょう》の世はやがて去るべき宿命にあるぞ、心得なされよ。

黒川　これは先ほどの高天原にもつながりますが、イザナギとイザナミの神様というのは、アダムとイブじゃないですけれども、神話上で最初の人身の神だと言われています。

その二神が結婚して、みとのまぐわいで大八洲《おおやしま》という日本列島を生んだ。淡路島、四国、隠岐、九州、壱岐、対馬、佐渡、本州の8つの島で大八洲です。

日本語は十進法で、昔からそろばんでも10で桁が上がります。

しかし神道では、十進法でありながら、八進法とまでは言いませんが、8は「多い」という意味で、8が一番多い。

9、10は「こ、と」といって物事の「事」です。

つまり、1から8までは物質的な世界で、こと（9、10）は形而上世界です。

ですから、「八分通り国土を生み」というのは、1から8までの物質的な世界を生んで、十進法ではまだ9と10は生んでいないという密意があります。

「こと」（神示原文では、九十）は「言葉」（事の端の意）でもあります。

言葉というのは、物質的な世界より大きな、外を囲っているような形而上世界の存在で、「言霊」という名称のもとになります。

「火の神」というのはカグツチの神のことです。

紀州の熊野に「花の窟《いわや》神社」といって大きな磐座《いわくら》があります。イザナミがカグツチを産んで亡くなった、そのお墓だと言われていますが、その向かいにある小さい岩が火の神のカグツチの磐座です。

イザナミはカグツチを産んだときに女陰《ホト》をやけどしてしまい、それがもとで亡くなったと言われています。そして、父親のイザナギがそれに怒って子どもであるカグツチの首を切ったとされます。

話が少し脱線しますと、その血が飛び散って全天の星になった。

古事記にはありませんが、平安時代の『天書』では、全天の星と天の川はカグツチの血が飛び散ってできたと言われています。

カグツチもイザナギとイザナミの子ですから、創造神の断片があって火の神。

類人猿と動物の違いは火。類人猿は火を手に入れて、それで初めて文明が起こる。火を扱うことが「わざ（技）」で、わざが進んでいくと、今の文明で反転して公害が生まれる。

つまり、「わざ」が生える（進むの意）と「わざはえ（災い）」になるのです。

最初に人間に文明をもたらした火の力を使い過ぎる。要は原子力とか、制御していると言っているが制御し切れなくて原発事故が起きていますから、「わざ」から「災い」が生まれます。

そのもとの世界は、神話のカグツチまでさかのぼることができます。「物質偏重の世」というのは、1から8の世界だけで、8でとまって9と10まで行っていないから物質偏重になっているということです。

大和言葉は十進法ですから、本来は10まで行かないといけない。9と10の世界を1から8までの世界につなげる。

ですから、「ひふみよいむなやこと」と数字を唱える。神道の秘伝とは、たったこれだけなのです。

「ひふみよいむなやこと」と、1から10までの数字を訓読みで読んでいるだけ。秘密の言葉は一子相伝とか、いろんな宗教でよくあると思いますが、日本の場合は「ひふみよいむなやこと」、実はこれだけなんです。「ひふみよいむなやこと」は子どもだってわかります。

でも、これは非常に深い世界があって、「ひ」は、「一」、スピリットの「ひ」と「火」は同じ意味です。

根源は物質ではなく霊的な存在ですから、「ひ」から始まる。つまり、古代では「霊」と「火」と「一」は全部同じ意味です（奈良時代の特殊仮名遣い八母音説では日と火は発音が違うとするが、著者はこの説は信奉しない）。

「み」は三、さっき左と右と言ったように、「水」であり「身」です。

そして、一と三をつなぐ二は、火と水をまぜる神の息吹です。

火と水はそのままだとはじけてしまうので、交わるためには息が必要です。

「二《ふ》」は「吹く」。「息吹」の「い」は不定冠詞で、「御飯」の「御」のように上につく言葉です。息吹はイフキ・イホキで「ふ」とか「ほ」という古代の発音です。

「ひふみ（一二三）」でそろうと、『老子道徳経』の「一から二が生まれ二から三が生まれ、三から全てが生まれる」と、そういうふうになっています。

そして、「四《よ》」は「世」「夜」です。

一（火）が生まれたら、今度はヨ（夜・世）空間と時間が生まれる。五の「いつ」は「出《いづる》」「生《い》く」という意味です。

「む」は「虫・蒸し」「虫が湧く」といったように、細菌の活動とか、生命が萌え上がることを「むゆ」と言いますが、それが六の「む」です。

七は「なる」で、「鳴る」「成る」でもある。

あとは「雛《ひな》」とも言うと、七はまだ完成していない。八の「や」弥栄《いやさか》のいやで、八には日月神示では「開く」という意味があって、八で一旦完成します。これが一から八までの世界です。
九、十の「こ、と」は、さっき言ったように「凝り固まる」の「こ」で、集まっていく。心《こころ》の語源です。
「と」は「満ち足りる」の「足る」で十という意味です。これが数霊の意味です。

スピカ　深いですね。

――では、次に行きましょう。同じくK様で女性の方ですね。四四八でございます。どうぞ。

四四八

禁欲は神の御旨《みむね》でないぞ。欲を浄化して、生めよ。産めよ。今の人民、欲の聖化を忘れて御座るぞ。欲は無限に拡がり、次々に新しきもの生み出すぞ。欲を導けよ。

黒川　禁欲というのは、中世ヨーロッパのキリスト教世界や仏教の戒律の中にもありますが、一番は性欲、あとは食欲など、人間が生きていく中の生得の欲を断つ。要は、物質的なつながりを断つことによって霊的なものに近づいていく。例えば断食で修行するということがありますけれども、日月神示では生命の全てを肯定します。

だから無限に朝から晩まで子づくりしろというわけではなくて、普通に生活が成り立つぐらいに子づくりしなさいよというぐらいの意味だと思います。

長い間の禁欲は、中世のヨーロッパでは、学問をしてはいけないというところに行き着いてしまいました。キリスト教もイスラム教もそうです。

イスラム原理主義を標榜するタリバンが、女性は学校に行くななんてやっていますが、そんなことはコーラン（イスラム教典）に書いていないのに、どこかの部族法と取り違えてあんなわけのわからないことを言っている。

儒教にもそういうのがあって、貧乏人は勉強するなと言う。支配者から見たら、統治するには、貧乏人は羊のよう働いているのが一番楽なのです。

それは昔の朝鮮王朝のやり方で、朝鮮が滅びたのは学問を封印したからです。日本の場合、江戸時代は封建制といっても各藩が競争していたので、勉学を推奨していました。それが、明治維新のときの近代化の原動力がアジアの他の国々と違っていた背景にあるんですが、中世のヨーロッパは、学んだらいけない、数学や音楽、舞踏をしてはいけない、そういう世界まで行ってしまう。

ですから、中世ヨーロッパからギリシャ・ローマの学芸が全て消えたわけです。

そのころ、アラブ世界は学問を尊んでいたので、ギリシャまで蓄積していた学問が全てアラブに行って、それがルネッサンスで戻ってくるのですが、封印を解く過程の中で印刷というものがありました。

それまでは聖書も、ラテン語で書いてあるので聖職者しか読めなかった。しかし、ルターが民衆の言語に翻訳して、印刷して、それまでは写本でしか読めなかった聖書をみんなに読ませた。

禁欲が転じて、識字率や知識欲が高まったわけです。

本来、人間には知識欲があり、それによって文化の力がはね上がっていきます。実は江戸時代もそうでした。鎖国で全部禁圧しているように見えて、実際は蘭学などをすごく勉強していました。それが、明治維新で西洋と接したときの原動力になったわけです。

中世のヨーロッパだけでなく世界も含めて、人間の欲というのはあるものですから、その欲を生かしていきましょうということを言っていると思います。

スピカ 「欲を浄化」「欲の聖化」「欲を導け」というのは、より発展していく、いい欲として浄化していくということですか。

黒川　今言ったように、本来、人間が持っている欲の中でも特に知識欲ですね、本が読みたいとか。

例えばメディチ家は、王族ではなくイタリアの商人で、物流によって力をつけていきましたが、物理的な成功をした後に何があったかといったら、次に欲しいのは文化だと。それでギリシャやアラブのほうから残っている写本をわざわざ持ってこさせて、国家ではなく一個人であるメディチ家がそれを翻訳して学問の道を開きました。

数学・天文学の復興は、人の持つ好奇心を刺激して、それが無限に広がっていくのが本来のあり方ではないかと思います。

スピカ　なるほど、発展につながる欲ですね。

――続きまして、三四五。N様。どうぞ。

三四五　生活心配するでないぞ。こと分けて申せば今の人民すぐは出来ぬであろが。始めは六分国のため、四分自分のため、次は七分国のため、三分自分のため、次は八分国のため、二分自分のため、というようにしてくれよ。これはまだ自分あるのざぞ。

黒川　これは、戦中戦後の経済的時代背景の中にあってのことです。江戸時代の年貢でも公私割合六対四とか、今だと所得税が一割とありますが、それ以上に、「六分国のため、四分自分のため」、足したら10ですよね。次は、「七分国のため、三分自分のため」で足したら10、「八分国のため、二分自分のため」で10、これは全部、足したら10です。

さっき言ったように、8ではなく10の世界に生きるバランスをとることで、これは経済を言っているようで、実は兵法のことを言っています。

要は、相手の力が6分来たら4分で返す、相手が8分で来たら2分で返す。合気じゃないですけれども、源義経が鞍馬山に預けられ山で修行した折に、山に住む鬼《き》一法眼《いちほうがん》の「六韜三略《りくとうさんりやく》」という虎の巻を授かった。この兵法書から来ています。西洋的な、ただ攻撃する、ぶつかるのではなく、相手から来た力を受け返して戻す。8の力で来たのを2で受け返せば、8の力を含めて10が相手に戻ります。

これは最初に述べた神様と人の関係と一緒です。

神から来る力をそのままだと、思いにしろ力にせよ、やはりぶつかってしまう。例えば、霊的な力がすごく強い神社に行って、それにそのまま対峙するとふっ飛ばされる。

龍神の神社とか、霊的な力が強いときは流して戻す。それを「全部ください」とやるからふっ飛ばされる。神社に参拝しても悪いことが起きる人は、受け流さないで、霊力を貯めるだけだからです。

私も不思議な経験はありましたが、そういうスキルを覚えておくと、さっき兵法だと言ったように、昔から伝わる俚言《りげん》（民間に伝わる言葉・ことわざ）を述べている部分が多い。時代が変わっているので、出典がわからなくなっています。

——やっぱり黒川先生はすごいです。

スピカ　深いです。生かしていきたいですね。

——次は三〇二。H様。よろしくお願いします。

三〇二

ビックリ箱開くと、⦿の規則通りに何もかもせねばならんのぞ、目あけておれん人出来るぞ、⦿の規則は日本も支那もインドもメリカもキリスもオロシヤもないのざぞ、一つにして規則通りが出来るのざから、今に敵か味方かわからんことになりて来るのざぞ。

黒川　何でビックリ箱なのかと思われるかもしれませんが、これも出典は、出口なおの「お筆先」に同じものがあって、「いまにビックリ箱を開いたようになるぞ」と一節があります。

神の経綸である予言警告（立替）は、ビックリ箱のように誰もがびっくり驚く内容で、思ってもみなかった展開が待ち受けているとされます。

それは日本だけでなく、中国、インド、アメリカ、イギリス、ロシアも区別はない。びっくりする気持ちは変わらないんだぞと。

天明さんは満州国の要人など外国人に会っていましたが、普通の人は外国人と会ったこともない時代です、現代では、いろんな国の人がアニメ『鬼滅《きめつ》の刃《やいば》』を見て「感動しました」と泣いている、世界中の人もやはり感動するんだと、心情は一緒なのですね。

そういうことをおっしゃっているのだと思います。

スピカ　「敵か味方かわからん」、いいですね。

――続きまして、三一六。K様。

三一六
信者つくるでないぞ。道は伝えなならんぞ。取り違えせんように、慢心せんように、生まれ赤児《あかご》の心で神示読めよ。神示戴けよ。

黒川　これはまさに、昔の「ひかり教会」（日月神示・岡本天明のもとに集まった人々で設立された宗教法人）の人たちに対して天明さんが日頃言っていた言葉そのままです。

戦後の混乱した中で雨後の筍のごとく宗教がはやって、当時はいろんなミニ教祖がいました。

信者さんはやはり不安があってそういうところに通うので、未来を教えてもらうと、信じて全てささげ尽くしてしまう。

しかし、それは道ではない。道を伝えなければいけない。

道というのは人生の教えです。教祖に盲従するのは教えでも道でもないので、当時のいろんな社会情勢に関して、ひかり教会はそういう方向に行ってはならんと。例えば、天明さんがお祓いをすると、憑《つ》きモノとか病気治しとかに効いたそうです。

それは全て神がしているのだから、それに対しても取り違えせんようにと。神示《ふで》の中に、神示《ふで》を拝読した人も病気を治すことができるみたいなことが書いてありますが、もしそういうことができたとしても慢心しないように。全て神から来ていて、自分の力ではない。

ヒーラーの人は大概、自分が治していると思ってしまう。すると大概、体を壊すことになるので、「生まれ赤児の心で神示読めよ」とあるわけです。「神示《ふで》」と書いてあるのは、原文は「二て」です。「二て（ふで）」とは神の両手です。

人も両手で受けよと言っています。

「神示戴けよ」。二手戴く（両手を頭上に挙げるポーズをして説明する）とは、象徴の意味だけでなく実際に頭の上に載せることです。

昔、京都で薪《まき》や魚を売っている大原女《おおはらめ》や桂女《かつらめ》は、頭上に物を載せる頭上運搬がありました、これは理にかなっています。

古くは頭の上に載せていた。神を戴くとは頭の上に神を載せることです。

密教の世界では宝冠を頭に戴く所作をしますから。残念ながら、肝心の神道では忘れてしまっています。

スピカ　きょうはそういうのが多いですね。ささげ、戴く。

黒川　そうです。戴くは頭の上に載せる所作です。

沖縄の久高島《くだかじま》に行くと、「あの人は神が載っている」という言い方をします。神楽をやる方も「神は額に載る」と言って、昔、巫女さんが必ず前髪を後ろでとめていたのは、神が載るからだそうです。

ですから、「下げ髪にしちゃいかん」と怒られた。占いをする人もそうです。「額で神を捉えるから、必ず上げ髪にしなさい」と。

ほんの数年前でも、そんなことが言われていました。

第五部

霊も同時に言霊する!?
初源ムウは無△と有▽で
✡となる、その意味とは!?

——『日月神示　ミロク世の羅針盤』解説篇

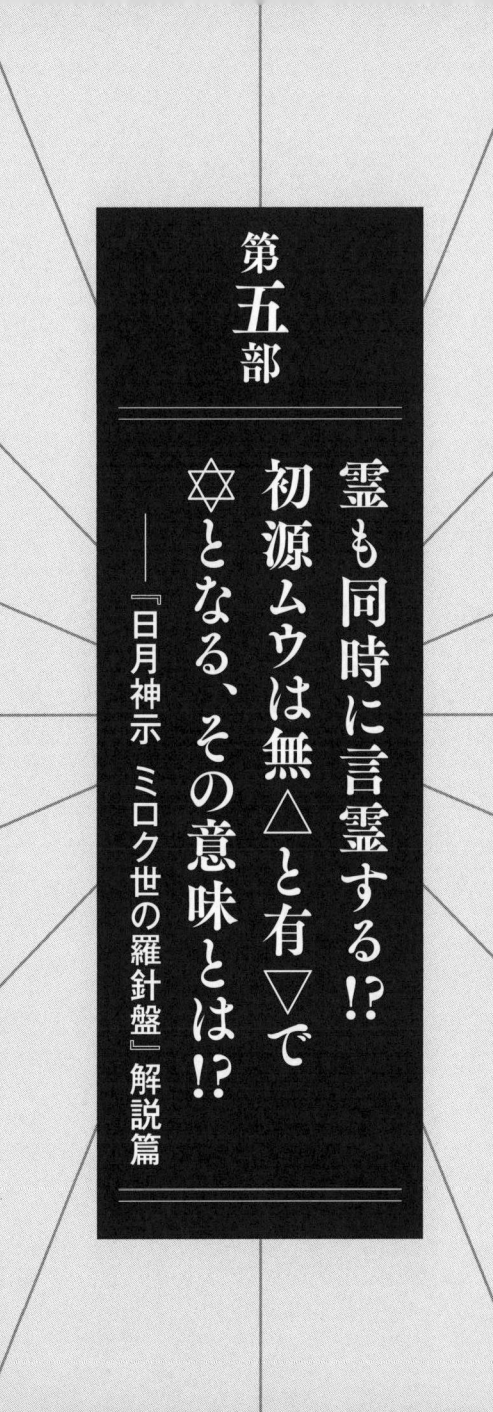

【日月神示】
ミロク世の羅針盤
ひらいて今をむすぶ
岡本天明［著］
中矢伸一［校訂］
大野舞
魂に聴かせる言葉
ヒカルランド

――次は『ミロク世の羅針盤』になります。

最初はE様。二四九。

二四九　取られたり、取り返したり、こねまわし、終わりは㋹の手に甦《よみがえ》る。

――シンプルに来ましたが、いかがでしょうか。

黒川　きょうはじめからさんざん言っている、戴く、返す、神とキャッチボールする。「取られたり、取り返したり」というのは主観ですよね。

自分のものだと思っていると、それをなくしたときにどうしても、取られた、取り返してやったとなる。

そうじゃなくて、戴く、差し上げる、あるいは分ける。「賜《たまわ》れ」の大和言葉には「魂割れ」（身魂を分ける）という意味がありますが、「させていただく」心とは、自己がありながら相手に差し上げる、そして相手から魂《たま》を戴くということです。

自己にその心がないと、取られたり、取り返したりという意識になる。

そして、「こねまわし」というのは、相手との間のやりとりのことを言っているのだと思います。

でも、「終わりは⦿の手に甦る」。もとは神のものだから、おしまいには神の手に甦る。

「甦る」は「黄泉《よみ》から帰る」なんです。イザナミが亡くなってイザナギが追いかけていったのは黄泉の国ですが、黄泉から帰ってくる、死んだ者が生き返る、また万物が流転することを「甦り」と言います。

「考える」は「神帰る」です。神に帰るから「考える」、黄泉から帰れば「甦る」、これが大和言葉の世界です。

スピカ　シンプルで深い。全ては神の手に甦る、でした。

――次は七十九番。K様。

七十九　今落ちぶれているとても、やがては神の御民《みたみ》とし、天地《あめつち》駈けり⤵
国の、救いの神と現われる、時近づきぬ御民《みたみ》等《ら》よ。

黒川　「落ちぶれている」、これも原典は出口なおの「お筆先」にあって、世に落ちた神々。もともと日本の国を治めていた神々が岩戸隠れで、例えば国常立神が富士に隠れたり、妻神が鳴門の海に隠れたとされます。

眷族、部下の神はおのおのいろんなところに隠れました。その隠れたところには便所もあります。

お寺の東司（トイレ）には烏枢沙摩明王《うすさまみょうおう》を祀っていますが、便所の神が民俗世界にいる。大ヒット曲『トイレの神様』ってありましたよね、便所の神様を祀ると幸運が訪れるという。

不浄という排泄するところにいる神だけれども実は尊い神が鎮まっておられ、その神とコンタクトするとご利益があるというのが日本の民俗信仰です。

鬼門の金神《こんじん》とは私が小学生の頃、テレビの昼の奥様ワイドショーの心霊コーナーでも取り上げられていました。

自宅の鬼門の方角に何か作って障《さわ》りを受けたと怖がられた話とかです。

昔は金神七殺《こんじんしちせつ》と言われ、鬼門を侵《おか》すと家族七名の命が取られるとさえ言われました。

そんな祟《たた》り神が、本当の創造神で善神だったと、出口なおは価値の転換をした。

貧乏でクズ紙拾いを生業《なりわい》にした出口なおは、自分の仕事がそのまま「世に落ちぶれている神（紙）を拾う」神業《しんぎょう》であるとした。出口なおは日本中に神迎えに出かけました。

京都の籠《この》神社の海の沖に冠島《かんむりじま》、沓島《くつじま》という孤島があります。

今年（2023年）も天橋立を訪れましたが、そこから神を迎えてくる。そこに金銀財宝を司る龍宮の乙姫がいらした。

天明さんと一緒に神業をした矢野シンも、日本全国をまわって、世に落ちている神々を拾い上げて、自宅に迎える神事を生涯にわたり修めました。

昭和の時代には、他にもそういう神業者の方々が何人もいらっしゃいました。それら背景もあり、「神の御民とし、天地駈けり⦿国の、救いの神と現われる、時近づきぬ御民等よ」ということで、直接そういう活動をしていない人にもその恩恵を与える時代が来ましたよと言っています。

――続きまして、三九七。T様。

三九七　世界に変わりたこと出来たら、それは⦿⦿《かみがみ》様の渡られる橋ぞ。

黒川　「世界に変わりたこと」で自分がすごく実感するのは、この10年で彩雲《さいうん》がふえましたよね。天の雲が虹色になる。

30年前は彩雲なんか見たことがありませんでした。

スピカ　UFOもふえていますけどね。

黒川　最近すごく多いです。自分でさえ見られる。「彩雲というのがあるらしいよ」と聞いていましたが、空を見たってそんなの見たことがなかった。

でも、この10年ぐらいの間、すごいタイミングで彩雲とか虹が出ています。沖縄の離島で御嶽《うたき》めぐりをやると、観光地じゃないから看板もないし、現地の人に聞いても教えてくれません。

そのときどうやって探すかというと、自然を観察すると教えてくれる。虹が出たり、日が射したり、不思議な風が吹いたりするので、そこへと走って行くと、聖なる森がちゃんとありました。

そんな経験、以前は少なかった。まさに「世界に変わりたこと」です。

今回（2023年）10月7日からのパレスチナ紛争も「世界に変わりたこと」の事件ですが、あらわれ方としては、戦争でよくない。

でも、彩雲があらわれるとか、気候変動でいろんな災害が起き、季節感が変わり春と秋がなくなってしまった感じとか、変な時期に雹《ひょう》が降るとかあります。

3・11の東日本大震災の2週間前に皇居内見学に行ったんですが、そのとき皇居に雹が降ったんです。2月に雹なんて降りません普通は。

本当に不吉だな、何だこれはと思ったら3・11に地震が起きた。

皇居に雹が降った話は公表しなかったのですが、当時はミクシィ（mixi）がはやっていて、3・11の直後に、今度は伊勢神宮に雹が降った情報を中京の人がみんな上げました。それを知りまたびっくりしました。

―― 今それで思い出しましたが、日月神示だと、「子の年真ん中に前後十年が正念場」とありますよね。子の年というと2020年。そして、コロナの5、6、7はミロクが出ますから、どうでしょうか。

黒川 子の年というのは、大本教信徒（および道院の扶乩《フーチ》の壇訓）の理解としては、本当は甲子《かっし》（きのえね）の年のことを指します。

甲子の年は、大正13年、昭和59年と60年に1回、巡ってくる、干支の最初の甲子の年のことを第一義で指していました。

時代背景としては大正12年に関東大震災があって、大正13年には、皇太子時代の昭和天皇の暗殺未遂事件（虎ノ門事件）が起きたり、大正天皇も病気で政務ができなくなったりと、日本国内は大混乱の世相でした。

子の年とは、辛酉《しんゆう》革命・甲子《かっし》革令《かくれい》と中国哲学の考え方から来ています。

日本ではさかのぼれば7世紀の飛鳥時代、天智・天武天皇の時代を当初は指しています。

天智・天武天皇のときは、白村江《はくすきのえ》の戦いがあり、唐に攻められ滅亡した百済《くだら》再興のため朝鮮で大海戦をした結果、ボロ負けして、当時は日本の国が唐に攻められたら滅びる寸前だったので、天智天皇が近江の大津京に遷都して国のあり方を律令制に変えた。

その後、壬申《じんしん》の乱が起こり、天武天皇が天皇の権威を強固なものに作り替えた。

そこから日本国家の原型ができ上がります。

平安期『革命勘文《かくめいかんもん》』の讖緯《しんい》説では、世界は60年の21周期で1260年から、22周期の1320年周期で一巡して変革されます。

日本紀元は西暦661年辛酉革命の天智天皇称制元年が起点となります。

そこから1320年前の西暦紀元前660年が神武天皇即位と設定されます。天智天皇称制元年西暦661年から1260年後の大正10年辛酉に、第一次大本事件が発生する。

これが日月神示に言及される辛酉のオリジンです。

西暦664年甲子《かっし》の宣《せん》（近江朝廷官位制定）から1260年後の大正13年甲子革令です。

甲子の年には天命が降ると考えられ、大正13年に王仁三郎もそれを感知して、朝鮮に甲子年（大正13年）に救世主が降りると予言があったのです。

その実現のためにモンゴルに向かった。モンゴルで救世主のミタマを受け取る、そういうご神業があったのです。

大正10年辛酉《しんゆう》（かのととり）から60年たった昭和56年辛酉で、やはり危ないと一部宗教家は騒いで、近々天変地異が来るという自分の予言が外れたからと、教祖が割腹自殺未遂する事件があったんですが、後に自分が割腹したから天変地異が来なかったと言い訳していています。

甲子の年の後、子の年は干支の12年毎に来るので、大異変と小異変サイクルであらわれるようで、さっき石井社長がおっしゃったように、子の年の事象は12年毎の子年に繰り返されることも天明さんは説きました。

そこで大難を小難、小難を無難にしていかないといけない。

辛酉でいうと表向きでは、大正13年、昭和56年は大きい事件はなかったです。

昭和56年は霊的な次元では、何をやったかというと、滋賀県大津市の近江神宮と奈良県吉野の天河神社で祭祀をしています。

昭和56年は、大本教は（内紛があり）一切やっておらず、近江神宮と天河神社でお祭りをしていた。

これは神道界としてはすごいことですが、宣伝していないので、ごく一部の人にしか知られてない。

天河の昭和56年の日輪弁財天御開帳は霊的な御神事で、行った人の何人からも聞きましたが、霊的インパクトがすごかったと。

でも、日本の政治に何か影響あったかというのは、表面上にはわかりません。

今日はKNOBさんと石笛をコラボしましたが、昭和56年の天河神社例大祭において日輪弁財天が、60年に一度の御開帳の年でした。
三六九神示の小長谷修聖さんが天河神社に奉納した天之石笛を自ら吹いて、天河神社本殿を開扉《かいひ》して岩戸開きをしたのですが、実は私の石笛もその流れです。
昭和56年に石笛を吹いた方がいて、その人の流れで私も吹いていますから、見えないところでつながりがあるんです。

——次は四一六。O様。

四一六
同じこと二度繰り返す仕組ざぞ、このことよく肚《はら》に入れておいて下されよ。同じこと二度。

黒川　「二度繰り返す」。例えば世界大戦は、今のところ第3次がないから、第1次、第2次と2度繰り返しているように、天明さんがいた大本教も、第1次大本事件、第2次大本事件と2回大きな弾圧を受けています。

そういうのを含めて、同じことは2度起きるという戒めです。

しかし、これにはさらに裏があって、3度目があるということです。

日本は、敗戦したのを1度目として、また2度目、そういう大変な時期が来るんだと。経済とかそういうものでいったら今はもうそれに近いような状況ですが、戦争中に、後先のことを全然考えずに戦費調達のために戦時国債とか紙幣を軍部主導で刷りまくり、食料のことも全然考えないで戦局を拡大しました。

戦争は昭和20年に終わりましたが、もし終わらなかったら、翌21年に何百万人も餓死する人が出るという政府の予測があって、本当は本土決戦なんてできるわけがなかった。

実際、経済的にも超インフレと、新円切替が実行され銀行預金が全部紙くずになりました。

戦争を終わりにして、そこで経済とか全部断ってしまったから、一番傷口が残らないような形でおさまっているんですね、そういうことを考えると。

しかし、国債にしろ、円安にしろ、今は終戦後と近い状態にどんどんなっているわけです。

3度目は目に見えない形で起きるのだと。

ご存じでしょうか、医師で心霊研究をして百歳までお元気だった塩谷《しおや》信男さんは、人が受胎から生まれる日数を俗に十月十日《とつきとうか》と言いますが、数えて二百六十五日（現代では平均266日）と計算して、十年を一日に換算（『旧約聖書』のダニエル書の予言を参考にしたのだろう）し、皇紀2650年（1990年・平成2年）が、出産に相当するので日本の一つの変わり目だと発表しています（「千鳥」昭和26年1月号）。

平成2年は、日本国内ではバブル経済がちょうど終わる寸前でしたし、湾岸戦争の前のイラクのクウェート侵攻がありました。

さっき石井社長が「子の年真ん中に前後十年が正念場」とおっしゃっていましたが、昭和59年の甲子、干支の頭につく十干は植物の成長を言っていて、「甲」は「殻」ですから、種がパカッと割れる形で、甲《こう》・乙《おつ》・丙《へい》・丁《てい》・戊《ぼ》・己《き》・庚《こう》・辛《しん》・

壬《じん》・癸《き》と続きます。

十二支は子の後、丑・寅・卯・辰・巳・午・未・申・酉・戌・亥は、「子」は五行で水の属性を持ち、干支を円周に配置すると反対に当たる「午」は火になります。庚は実が成る姿に午は火で、開いた種が大きな木として伸び切った形象です。それが平成2年の庚午《かのえうま》です。

「子の年は……」の予言は、本来は干支の辛酉から甲子を経て庚午までの10年間を指します。それを塩谷博士は、また別の計算式で、同じ庚午年を言っています。

2度繰り返す神示は、大正10年辛酉から昭和5年庚午の10年間と、60年の廻りの昭和56年辛酉から平成2年庚午の10年間とも言えます。

世界的な現象面としては、平成2年庚午のイラクによるクウェート侵攻から、翌年の湾岸戦争になりますが、日の本の国は霊的なことで治める「ひのもと」の国ですから、表には出ていないところで当時ご神事をされていた方がいらっしゃいました。

それが形としてわかるのが、天橋立の籠神社の奥宮の眞名井《まなゐ》神社です。

行かれたことありますか。眞名井神社はすごくきれいですけれども、昭和の時代は境内が荒れて、鳥居もプラスチック製だったそうです。

天橋立は観光客がいっぱい来るのに、眞名井神社は誰も来なかった。

籠神社もお金がなくて直せなかったので、当時の奉賛者が全国に呼びかけて、浄財を集めて眞名井神社整備事業できれいにしました。

表ではクウェート侵攻などが現実の面であらわれる中で、日本は霊的な面で立て直しをした。

戦争は「立て替え」（破壊の型）です。

「立て直し」（再創造）は、眞名井神社をきれいにして建て直すことから始まり、既に型を出している。

そういうのは同時進行でやっていて、立て直しの神業は絶対に人に言ってはいけない、時を経てそれがわかる形になってくると、神社ブームとかスピリチュアルブームで普通の人も眞名井神社に参拝者が増えました。

――次に行きましょう。六十番。S様。

六十

人民が正しく言葉すれば、霊も同時に言霊するぞ、神も応《こた》え給うのであるぞ。始め言葉《ことば》の元があるぞ、ムムムムムウウウウヽヽヽヽアと現われるぞ、神の現われであるぞ、言葉は神を讃えるものぞ、マコトを伝えるものぞ、共に鳴り、共に栄えるものぞ。

――この「ムムムムム」というのが好きなんですが、わからないので、先生から解説をお願いします。

黒川　「人民が正しく言葉すれば」とは、根源的には、『旧約聖書』のバベルの塔以前は人類は一つの言葉をしゃべっていたのが、バベルの塔で混乱が起きて、おのおのの違う言葉になってコミュニケーションがとれなくなったという有名な話、それのことを言っています。

日月神示とか秘教的な神道では、根源的な言葉は大和言葉だと言われています。現代日本語はそこから崩れていますが、根源言語に由来します。

「ひふみよいむなやこと」の「ひ」が「火」で「み」が「水」というのは、朝鮮語が何とかで、千何百年も前の渡来人が日本に来てしゃべった方言が今の日本語になったとか、ありえない。

初めから語彙が完成されていなかったら、そういう哲学的な意味づけは成立しないのです。

「霊も同時に言霊するぞ」。「言霊」とはそんなに古い言葉ではなく、『万葉集』（奈良時代）の用語ですが、逆に、万葉集の時代になると、「言霊」と言わないと意味が伝わらなくなったといえます。

それ以前『古事記』では単に「言《こと》」と言いました。1から8までの「ひふみよいむなや」の大八洲《おおやしま》と、9と10の「こと」。「言」は「言霊」だと以前の大和人はわかりました。

古代は漢字（文書）を使わず言霊を尊んだので、「宰《みこともち》」といって全て口頭で伝えました。

天皇の言葉を「勅《みことのり》」と言いますが、当時は、天皇の御言を聞いて記憶して、地方に下向してその言葉を伝えたのです。

その「御言を持つ」人の「言」は、既に神（天皇）の働きと同等で、神として人々に神の言葉を伝える。それが「言霊」です。

聖書のヨハネ福音書に「初めに言葉があった」とあります。言葉が全ての始まり。大和言葉では「ひふみよいむなやこと」。聖書も同じことを言っているんです。「アルファであり、オメガである」と言う。同じような思想は世界中にあります。仏教では「阿吽《あうん》」と言った。

「ムムムムムウウウウウ」ですが、漢字を当てれば、「ム」は「無」、「ウ」は「有」です。

そして、「ム」の形は△、「ウ」は▽です。インドの曼荼羅《まんだら》（ヤントラ）などでは三角形のシンボルが多用されます。

活字だから「ム」と「ウ」を分離して書いていますけれども、実際これは合体するんですね。

そうすると何の形になるか。六芒星です（110ページ図）。

これは、言葉の響きと、「ム」と「ウ」の活字の形だけで今は説いているので、こういうふうに書いていますが、神示原文を見ると△で書いているところもあります。
○の中に△が生まれていって、今度は○の中に▽が生まれていって、「ムムムム」というのを象形文字であらわしている。神示原文では。
わかりやすく書いている表記で、もっと上級になると、ただ○に△△△。

「これ、何と読むの？」みたいなのが出てきたりします。

「ウウウウウヽヽヽヽア」の「ア」は、あいうえおの「あ」、仏教では「あうん」、サンスクリットでは最初の言葉「阿字」で言霊学では原初の言葉は「あ」なのです（諸説あり）。

一方「ム」「ウ」は老子の影響が強いです。『老子道徳経』では「無」と「有」という言い方を原初で解釈しました。

「あ」の言霊は、高天原「たぁかぁあぁまぁはぁらぁ」で、発音を伸ばすと「あ」

音になります。

ですから、「あ」音は高天原なのです。

あいうえおの「あ」は「天」で、「お」は「地」です。

古事記で最初に生まれた島のオノコロ島も、「おぉのぉこぉろぉ」で、伸ばせば全部「お」音です。

ですから、高天原とオノコロは「天と地」の関係性がある。

また、日月神示では、麻賀多神社のことを「まあかた」と書いていて、これをひっくり返すと「たかあま」になります。

高天原を地にそのまま降ろすと、オノコロではなく「まあかた」になるのが日月神示です。

現実の地名は稷山《あわやま》と言いますが、地名も「あわやま」であ行です。小字《こあざ》地名（地図に記載されない小区画の名称）ですが実は天を象徴する言霊で、神示と実際の地名が対応しています。

「マコト」というのは、原文では、〇を描いて「マ」と読んで、「コト」は「九十」

と書きます。

この〇は、高天原の球形の原型的な腹の世界もあらわし、もう一つは、数字をそのままの形、ゼロですよね。

つまりゼロと9、10。1以前の世界のゼロも、8から先のイザナギとイザナミがまだ生んでいない「こと」も、同じもの、同じ秩序と言うべきか。

神示原文では、「マコト」は全部「〇九十」と書いています。これも言霊の世界観です。

――お客様では最後になります。五〇〇。M様。

五〇〇

太神は愛にましまし、真にましまし、善にましまし、美にましまし、数にましますぞ。またすべてが喜びにましますが故に怒りはないのであるぞ、もし怒りが出た時は、神の座から外れてしまうのであるぞ。

黒川　これは神の働きを言っています。「愛」「真」「善」「美」は漢籍（中国大陸で記された漢文の書物）に由来し、古くから好まれる題字です。「真善美」「愛真」「善美」等あります。王仁三郎も真善美を好みました。ですから、神道より中国的な解釈が最初に入っています。

「数にましますぞ」。

この「数」は数霊の働きでもあり、父母のことを古語で「かぞいろは」と言います。

今ではほぼ死語ですが、古くは、父親のことを「かぞ」、母親のことを「いろは」と言いました。

今、「いろは」といったら「いろはにほへと」しか思い浮かびませんが、「いろ」というのはもともと「家族」や「肉親」の意味合いがあった。

だから、「いろは」は「いろ・は」です。

「は」は「母」として現代語に残っていますが、「かぞ」はもう死語です。

天明さんは「かぞいろは」という言葉を好み、晩年もふりがなをふって使っています。

「かぞいろは」を、もう一つ、現代風に読み替えると、父《かぞ》は「数字」で、母《いろは》は「仮名」だと。つまり、数霊と言霊が父と母だと言っています。

大和言葉の「ひふみよいむなやこと」ですが、数詞とアルファベットの発音が同列に意味を持つのは、大和言葉の表記以外に、西洋では、ヘブライのアルファベット、ギリシャとか、数例しかありません。

一般に広まっているアルファベットは、数字の意味は持っていません。

「ひ」が1、「む」が6など、古い言い方ですが、数と発音が一致しているのは実は少ない。

古今東西の神秘主義の考えでは、バベル以前に統一言語があって、数でも文字(源アルファベット)でも意思疎通ができたと考えられた。

それらの系譜も引き継いだ日月神示では「〇九十《マコト》」のように原文には数字がいっぱい入っているわけです。

その次に「怒りはない」とあります。

怒ってはいけないみたいな形ですが、これも裏の意味があります。

「怒り」は原文で見ると、「一」に「火」、そして、らりるれろは渦巻きであらわすので、「一火◎」で「怒り」と読んでいます。

でも、これは読み方をかえたら、「一」は「ひ」と読むので「光」にもなる、神の怒りは神の光にもなる。

神の怒りとは、『旧約聖書』では、ソドムとゴモラを滅ぼしたとか、イスラエル人の敵を皆殺しにしたとか、そんなことばかり書いていますが、イエス・キリストの教えになると、「神は愛」とか許すこととか、逆転していくわけです。同じユダヤの伝統から出てきても、意味の転換がある。

それこそ数霊学とか、ヘブライ語は同じ数字で文字の並びをかえることができるので、智の大系を「カバラー」といって、もともとこの単語とこの単語は数値が同じだから同質だとか、そういう計算をする学統がありますが、日月神示もそれと似たようなことができて、日月神示で読むと、「怒り」は全部「光」と読みかえられる。神の怒りではなく「神の光」となる。

昔は、怖いものをあらわすものとして「地震、雷、火事、親父」と誰もが知っていました。王仁三郎はダジャレが好きな一面もあったので、地震は「慈神」、雷は「神也」。

燃える「火の雨が降るぞよ」のお筆先の予言は、「慈悲の雨が降る」という言い方に変えます。

言葉を言いかえると現実が変わっていく、それも立て直しの御用です。神示の中にある一番重要な要素です。

ですからこれは、最初に読んだときは、神の怒り、そういうモードがありますが、同時に、「ああ、これは神の光に変えられるんだな」と思いながら読んでいただくと、よりおもしろいと思います。

——まだKNOBさんが引いていないので、KNOBさんに引いてもらってください。

スピカ　四二八。

四二八

秘密は秘密でないぞ、火水《ひみつ》であるぞ、明らかな光であるぞ、火水のマコトを悪㋹にたぶらかされてわからなくなったから、秘密となったのであるぞ、秘密は必ず現われて来るぞ。

黒川　これも、大本教から言われていることをもとにして語っています。「秘密」という言葉を王仁三郎が解釈して、秘密というのは、いわゆる「秘密にしてね」「内緒にしてね」「教えないよ」という意味ではないんだと。

漢字をよく見ると「秘」字を分解して「必ず示す」で、秘密は必ず示すことだと言われています。

秘密が秘密でなくなったとき、「ひみつ」の音は「火水《ひみず》」だといいます。

左手（火）と右手（水）の働きから「明らかな光」になる。さっきの神の光ですね。

「火水のマコト」というのは、最初の拍手の説明のように、火（左）、水（右）だけでは片手なので、これがそろった真手（両手）でする（拍手）が〇九十《マコト》になる。

左（タカミムスビ）右（カミムスビ）なので、左の「タ」、右の「カ」拍手を打つ音はタカ・タカと聞こえる。

タカ（TAKA）は天の音で、コト（KOTO）は地の音です。

マアカタ↓マコトです。

今までの世界は、悪⦿にたぶらかされていたのでそれがわからなかった。

キツネにたぶらかされていたというか、思い込まされていたというか、そういう世界にいてわからなかったから秘密を秘密にしていたけれど、秘密は必ずあらわれる世界が来るのであると。その秘密の背後は、初めから何度も申したように火と水。上がる動きが火で、下がる動きが水です。これを「天地昇降」と言います。

神にささげるのが火の働き。合気上げってありますよね。

そして、自分がもらうときは合気下げ。一旦下げて自分の心に入れる。

これは、動けば合気道になり、止まれば座禅や鎮魂法になります。体を動かすか動かさないかの違いで、意識の使い方など、日常の動きは全て神事になっている。献饌《けんせん》といって、八足《はっそくの》机《つくえ》に供物《くもつ》を供える仕草も、それがそのまま神拝神事です。ご神前で何か変わったパフォーマンスをするとかではなく、神道で一番重要な神事は献饌である。

神に食べ物をささげる、この所作だけです。

逆にこれがものすごく厳重で、宮中では清めに清めた内侍《ないし》（巫女）のみが持つ役目でした。しかも、女性しかできない。

言ったように「目通り」は目の高さに三宝を置いて、蹲踞《そんきょ》で歩きます（両手を頭のところまで上げて、しゃがみながら歩く)。

宮中は明治初年まで蹲踞で献饌しました。部外者に見せないのですが、やること自体は、明治時代の和の暮らしで過ごした人だったら、できた所作です。

普通の家でご仏壇に食事を上げるのと一緒のことを宮中でもやっている。

それを大嘗祭《だいじょうさい》(新天皇が即位して初めて行う新嘗祭)で天皇が大真面目にやる。天皇が大真面目にやることが実は一番重要なことであって、もしこれに心が入らなかったら天変地異が来てしまう、それぐらいの勢いです。

ですから、何かあったときというのを天皇はすごく憂慮したのです。

このお祭りを自分ができるかとか、年齢がいってできなくなったときはどうするかとか、それをすごく悩まれていて、今の上皇陛下が年齢から退位を決めたのはそういう部分があって、もう天皇の行事や神事お勤めができない。

明治に決まった一世一元の終身在位は、80歳まで神事を修めると想定されておらず、あまりにも厳重な潔斎《けっさい》(神示の前に飲食などを慎み、水浴びなどして身を清めること)なので、明治天皇も明治22年に、体力的にもう限界だということで全てのお祭りを代理に振りかえています。

そういうのも時代時代で少し簡素になりながら、一人一人がお祭りする心を持ってすれば秘密は秘密でなくなる。

全ての根源はひふみの火と水、あとは風の働きで動いていくわけですね。

それを修めていくのが日月神示の世界だと思います。

スピカ　きょうは火と水が多いですね。

KNOB　すばらしい。（拍手）

――皆様、全部引かれましたが、もう一回引きたい人はいますか。

いない。では、すわ☆水鈴Spicaさん。

スピカ　三七二です。

三七二

世界丸めて一つの国とするぞと申してあるが、国はそれぞれの色の違う臣民によりて一つ一つの国作らすぞ。その心々によりて、それぞれの教え作らすのぞ。旧《ふる》きものまかりて、また新しくなるのぞ、その心々の国と申すは、心々の国であるぞ、一つの王で治めるのざぞ。天津《あまつ》日嗣《ひつぎ》の皇子《みこ》様が世界中照らすのぞ。地《くに》のひつきの御役《おんやく》も大切の御役ぞ。

黒川　「世界丸めて」の神示は、「地《くに》つ巻《まき》」からの出典です。世界が統一、バベル以前の統一の三九十《ミコト》、大和言葉で世界の型をここで示しているんですね。

「昔の世界はこうだった」というのと、「これからこういう世界になっていく」というのも青写真で示していて、かなり細かく書かれています。

「世界丸めて一つ」は世界統一。

「国はそれぞれの色の違う臣民によりて」は、『竹内文書』などにある五色人のことを言っています。

19世紀から20世紀初頭は、人類学上で肌の色で分類するのがありました。これは竹内文書だけでなく、エドガー・ケイシーのリーディングにもありますし、ホピ・インディアンも同じ世界観をして、韓国の『桓檀古記《かんだんこき》』にも記述があります。

人類学的に、赤色人種、白色人種、黒色人種で一つ一つの国をつくらす発想は、現在でこそ当たり前ですが、戦前までは植民地主義が広がり、黒人の自主独立国なんてありませんでした。

赤色人種のアメリカインディアンも大地を奪われて居留地に閉じ込められていたし、アジアの黄色人種もほとんど欧米の植民地になっていた。

今はもうそういう形はほとんど解消されて、アフリカ諸国も独立していますので、ここで言われるような型になりつつあると思います。

ルドルフ・シュタイナーも、「民族魂の使命」連続講演で、「黒色人種はこの感覚にすぐれている」とか「赤色人種はこの感覚にすぐれている」とか指摘しています。「それぞれの教え」というのは、中国の儒教や道教、あとはイスラム教、キリスト教、ユダヤ教、その他の南アメリカの民族宗教など、その人種がそれぞれの教えを持って暮らす。今は当たり前ですが、中南米ではカソリックが現地の宗教文化を弾圧する。そんなことがほんの30年ぐらい前までありました。

インディアンが太陽に自分をささげる「サンダンス」があります。胸にピアスの穴をあけてロープにつなぎ、絶食して、ちぎれるまで何日も祈りながら炎天下の会場を廻るのです。それは30年前までアメリカの連邦法で禁止されていた。

信教の自由を保証するプロテスタント主体のアメリカが、「サンダンス」に関しては野蛮で危険だからの理由で、開催も禁止、映像を見るのも禁止でした。アメリカは人権を尊び、黒人人権運動を推進したのに、平原インディアン文化の「サンダンス」は禁止されたまま、解禁されたのは90年代になってからです。

当たり前じゃないかと思うことも、実は世界的に見たらごく最近解禁されているのです。

それを日月神示は昭和19年に書いている。

昭和19年の段階では、神示でも憲兵に見つかったら治安維持法違反で捕まる内容でしたから、天明さんも隠れて書いていたわけです。

今みたいに出版したら石井社長も捕まっていますし、ヒカルランドの本を読んでいる皆さんも捕まっているところです（笑）。

私は戦前の思想が好きなので、大本教の弾圧とか竹内文書とか、本をよく読みますが、スピリチュアルなイベントの告知を見ると、「あなた、よかったね。戦前だったら、絶対に特高警察に捕まって拷問されていたよ」と思います。

それから見たら、確かにすごくいい国になったと思います。岩戸も開いたのかな（笑）。

「心」とは、国産み神話のオノコロ島と同じ「ココロ」「オノコロ」です。

オノコロ島は自凝島という表記もあるように、自《おのずか》ら凝り固まったことを意味します。

天文学でいえば地球は粒子が固まって星になりましたみたいにオノコロ島ができあがった。

人の心も、粒々のようないろんな思いや感情一つ一つが集まったものです。

「心々の国と申すは、心々の国であるぞ」。心の字は江戸の「富士講」において、富士山頂の三峰型をあらわすとされ、心とは軸として富士（神の山）を暗示します。

心々と複数形なのは、王仁三郎の口述した『霊界物語』に登場する、八王《やつおう》である地球に配置された十二の国魂《くにたま》をあらわし、十二の国魂は色別されて、タコマ、長《ちょう》白山《はくざん》、ロッキー山、天山《てんざん》と、各地の霊山に祀られた。

心々の国とは国魂の山（富士）だった。

オノコロと凝り固まっていくと、中心が存在します。

中心が天津《あまつ》日嗣《ひつぎ》の皇子様、つまり天皇だと言っています。

天津日嗣とは、天皇とか、日月神示では日月《ひつく》の神とありますが、その次の「地《くに》のひつきの御役《おんやく》」が重要です。

天の日月の神は有名ですが、「地《くに》の日月の神」とは何かというと、神示を受け取る一人一人である皆さんのことです。

天明さんの名前は分解すると天の日月になる、天明さんの神示《ふで》を読んだ全ての人たちが天と地の関係で「地の日月の神」となる。「あなたが神です」と言うと何だか自己啓発っぽいですが、皆さんの中のハイヤーセルフ、神的な部分が「地の日月の神」だということです。

「天地合わせ鏡」と神示にありますが、天の日月の神と地の日月の神は天と地で対応し合っています。

地之日津久神の初出は「地の巻」ですが、はっきりと神示に登場するのは戦後の「雨の巻」からで、「天の日月の大神様 地の日月の大神様」（梅の巻・第二帖）と奉唱されますが、ここにも世相が反映されています。

スピカ　皆様お一人お一人が。

黒川　お一人お一人が地之日津久神です。

――最後に黒川先生に引いていただきましょう。楽しみです。

黒川　四〇一。

四〇一
大層が大層でなくなる道が⦿の道ざぞ、この道中行く道、神示読みて早うガッテン結構ぞ。行い正しく、口静かにしたら⦿の仕組わかるぞ、因縁ある身魂が、人民には知らん結構を致すぞ。

うーん、難しいですね（笑）。

いつも、国民栄誉賞をくれないかなとか、紫綬褒章をもらってもいいんじゃないかなとか、ちょっと思っています（笑）。

せめて活動資金をくれないかなと。30年間、全部自腹で天明さんの至恩郷にも何回も通っていて、お金がすごくかかっているんです。

それだけじゃなくて、お土産を持っていったりと。ちょっと愚痴になっちゃいましたけど。

――その苦労が『岡本天明伝』に。あれを見たら、どれだけすごいことをしているか。

黒川　今まで何回か出てきていますが、イベントに『天明伝』が用意されていないことが多くて、「石井社長、どうなっているんですか」と毎回聞いています。

――きょうは大丈夫です（笑）。

黒川　「日月神示のイベントをやるのに、何で『天明伝』を置いていないんですか」とかね。『[完訳]日月神示』さえ置いていないときもあった。

スピカ　売れちゃったんですね、人気で。

黒川　「大層」を時代として見ると、天明さんらが生きた時代の奔流《ほんりゅう》に巻き込まれながら市井《しせい》の片隅で神を祀る天明の人生を感じました。

「中行く道」は、中道《ちゅうどう》を説く仏陀の教えと同一です。

端っことか極端な道じゃなくて、真ん中を歩むのが本当の道である。

「神社の参道の真ん中は神様が通るので、真ん中を通ったらダメですよ」とか言われますが、千年前の神の道はこんなに（自分の体の幅ぐらい）狭いです。

鹿島神宮の境外末社《けいがい》にも古い道の痕跡が残っているが、こんなに狭い。

それで真ん中をあけてどうやって歩くのか（笑）。

神社の境内、拝殿前に正中線がありますが、通常は正中は避けて、真中に立たず少し脇から礼拝します。

神社の正中線に立つのは祭主です。

祭主が祈願をする位置です。

私たちでも年に数回、重要な参拝があります。そのときはあえて社前の正中に立ちます。

でも、そのために潔斎として、前もって身を清める（禊）のが礼儀です。

夜に祭儀で真ん中より少しずれたところにいた人も、祭典の最中ひっくり返ったりしたのを見ました。

だから潔斎して、「中行く道」は覚悟が必要です。

「ガッテン結構ぞ。行い正しく、口静かにしたら⦿の仕組わかるぞ」。

でも中々静かにできないです、私もベラベラベラベラ喋る（笑）。

途中から石井社長が「もういいでしょ」と目で言うのですが、まだ言い足りない。

スピカ　伝えるお役目もありますからね。

黒川　「因縁ある身魂が、人民には知らん結構を致すぞ」。

先程話した平成の眞名井神社整備事業の件や、それ以前は矢野シンの長女、青砥代矢子《よしこ》さんが昭和50年代に主導された、大江山の元伊勢皇大神社の再興事業ですね。

十津川の玉置神社や吉野の天河神社の復興にも陰でたくさんの方々が尽力され、今の繁栄に至っています。

——先生、そろそろ締めの言葉を。

黒川　やはり霊的な岩戸が開いたというか、先達の人たちが大層な世界を開いてくれたお陰で、その後を行く我々は楽です。

陸上の100m走で、日本記録はずっと10秒を切れなかった。でも、1人が10秒を切ったら次々記録が出ました。

神事もそれと一緒で、1人が道を切り開くと、後の人はすごくやりやすくなります。

鎮魂修行も同じく、1人が達成すると、後の人は楽に達成できます。

ですから、天明さんという先達《せんだつ》、それ以前の大本の流れがあり、今があると思います、すごく楽してやらせていただいています。

ありがとうございます。（拍手）

スピカ　すばらしい解説でした。
黒川先生、どうもありがとうございました。（拍手）

第六部

あなたは既に神の中にいる!?
そこに気づけない
分離性こそが「魔の仕組」!!

――『日月神示　日々瞬間の羅針盤』・
『日月神示　ミロク世の羅針盤』解説篇

日月神示　解説セミナー

講師　黒川柚月 氏

日時・2023年11月3日（金・祝）

（トッチ氏との対談イベント「日月神示・複々立体の謎と神聖幾何学〈1〉」の後に行われています）

〈祝詞奏上〉

――1つ目の日月神示です。『日々瞬間の羅針盤』より一三二をお願いいたします。こちらを引いてくださったのはH・S様。神示の読み上げはすわ☆水鈴Spica（以下スピカ）さんです。

一三二

そなたは苦に向かい苦に克《か》ったつもりで、苦を楽しんで御座るが、苦は曲がることぞと知らしてあろうが。苦をつくり出してはならんぞ。苦をたのしむより、楽をたのしむ心高いぞと知らしてあろう。苦しむと曲がり、楽しむと伸びるぞ。

――では、黒川先生から手短にお願いします。きょうは人数が多いので（笑）。

黒川　「苦に向かい苦に克ったつもりで、苦を楽しんで御座る」というのは、メロドラマの主人公症候群みたいな感じですが、対象は鏡で、本当は自分が映し出しているものなんですね。つまり、全て自分がつくっているということです。

「苦は曲がることぞ」。曲がるというのは、勾玉とか、「曲霊《まがつひ》」という言葉がありますけれども、要はへそ曲がりで、へそ曲がりをつくって楽しんでいる。

「楽をたのしむ心」はそれと対応していて、「苦しむと曲がり、楽しむと伸びるぞ」というのは素直な心です。

曲がっているものは真っすぐになる。曲がったものは「曲霊」、真っすぐなものは「直霊《なおひ》」と言うんですね。

一霊四魂の直霊。これは、身体操作の中では体の中の軸になります。

――次に行きます。『日々瞬間の羅針盤』より一七四をお願いいたします。S・T様。

一七四　富士は晴れたり日本晴れ、富士に御社《みやしろ》してこの世治めるぞ。

黒川　これは予言も含まれていて、ミロクの世になったら、富士の南側、富士宮市に都が遷るというご神示があります。

日月神示の中の「地《くに》つ巻《まき》」に「富士、都となる」という暗示的な言葉があるんですが、そういう背景もあります。

これは天明さんだけが受けた神示ではなく、昭和20年代から富士神業、昭和30年代には「富士山に都をつくろう運動」みたいなものが実際にありました。

中野裕道の『日本神学』て雑誌ありましたね。あの人たちの世代がはまっていた運動で、実現しようとした。

実現しませんが、都に天子が坐して、そこでお祀りするという一つの考え方に沿って、富士が都になり、天子がお祀りするお宮をつくろうという予言的な内容です。

――続きまして、『ミロク世の羅針盤』より三九六が出ました。N・N様。

三九六

よくもまあ鼻高《はなだか》ばかりになったものぢゃなあ、四ツ足と天狗ばかりぢゃ、まあまあやりたいだけやりて見なされ、⦿は何もかもみな調べぬいて仕組みてあるのぢゃから、性来《しょうらい》だけのことしか出来んから、いよいよとなりて⦿にすがらならんということわかりたら、今度こそはマコト⦿にすがれよ、今度⦿にすがること出来んなれば万劫末代《まんごうまつだい》浮ばれんぞ。したいことならやりて見て、得《とく》心《しん》行くまでやりてみて改心早う結構ぞ。

黒川　鼻高は、天狗になっているということです。

天明さんと、当時その周りにいた人たち、ひかり教会の人たちがいいご縁でご神示を受けたわけですけれども、その状況に満足して、かなり慢心してしまって、エリート意識といいますか、自分たちは霊的な選ばれた人たちだと思ってしまったときに、こういう人たちばかりになっていますぞということを自戒して言っているんですね。

引用は「梅の巻」からですが、戦後の御神示は神の経綸から教訓的な内容にシフトして言及が増えていきます。鼻高の天狗とか、「黄金の巻」に多く出てきます。そんなふうにいい気になっているけれども、神は何もかも調べ抜いて、ふるいにかけるみたいな形だと思います。

人間、困ったらまた神にすがりたくなりますから、そのときは「マコト⦿にすがれよ」。天狗とか四ツ足《キツネ》の稲荷信心ではなく、大変なときになったら本当の神にすがりなさいと。

「万劫末代」の「劫」はカルパ、つまり物すごく長い、億や兆よりもっと長いスパンです。

未来永劫に近いけれども実は区切りがあって、神にすがらないと、それぐらい長い間苦しんで大変なことになるから、神のほうに早く改心してくだされよというメッセージです。

——続きまして、『日々瞬間の羅針盤』に戻りまして一三〇。S・M様の日月神示です。

一三〇

上《かみ》の役人どの、まず㋙祀れ、㋙祀りて㋙心となりて㋙の政治せよ、戦などは何でもなくケリつくぞ。

黒川　「上の役人」というのは政府の高官です。

戦前・戦後から、そういう人たちは無神論者みたいな人が多かった。合理主義から来て、神を信じる人は実際いなかったんですね。だから、あなたたち、神を祀りなさいと。

「㋙心となりて」というのは、鏡です。

鏡には自分の姿が映りますから、神心になれば、その姿が神になるんですね。

「☉の政治」。「まつり」という言葉は、今は「祭り」という意味だけですが、本来は、宗教も「祭り」、政治も「政《まつりごと》」で、同じ意味でした。

それを古来は「祭政一致」と言いました。明治維新政府も当初は祭政一致を目指しましたが、欧米列強に経済で追いつく必要性から、祭政一致の理念は捨て去られました。

ですから、祭政一致に戻りなさい、そうすれば戦などは普通にケリがつくということを言っています。

――『ミロク世の羅針盤』に戻りまして、二七〇。N・S様の日月神示です。

二七〇　悪のミタマなごめ抱き参らすには理解大切ぢゃ。

黒川　これは天明さんが好きな言葉です。

善悪二元論ではなく、悪をだっこして、だだっ子ちゃんをよしよしとなだめすかして和めると、一体になるということです。

それには理解が大切だということを簡単に述べています。

――続きましての日月神示は、『ミロク世の羅針盤』より二五七でございます。S・Y様。

二五七

いよいよ地獄の三段目に入るから、その覚悟でいてくれよ、地獄の三段目に入ることの表は一番の天国に出づることぞ、神のまことの姿と悪の見られんさまと、ハッキリ出て来るのぞ、◉と獣と分けると申してあるのはこのことぞ。何事も洗濯第一。

黒川　これは初期の神示です。「地獄の三段目」というのは、戦況がかなり悪くなっていた社会的な状況も反映されていると思います。だから覚悟せよ。

でも、その先は、「陰極まれば陽となる」という言葉がありますけれども、「夜明けの前が一番暗い」、そういう意味も含めて、岩戸開きの前の段階の大変な時代が来る。そこに覚悟して臨みなさいと。

その向こうに、「神のまことの姿と悪の見られんさまと、ハッキリ出て来る」、つまり善悪がはっきりわかるようになるということを、「⦿と獣と分ける」とまた二重表現で言っています。

そこに至るには、「掃除洗濯第一」という言葉があるように、禊するということです。

生活を整えること、心身を健康に保つこと、意識を保つことが全てそろって禊と言いますが、そういう意識を高めていかないと大変な状況に陥り、対処できないということを言っていると思います。

――続きまして、『日々瞬間の羅針盤』より五五三。U・A様の神示です。

五五三

人民と申すものは天狗ざから、自分はよいのだが、世の中悪いのざと申しているなれど、世の中と申すものは大神の働きの現われであるから、大神の中での動きであるから、世の中が悪いと思うのは、大神が悪いと思うことになるのぢゃぞ、其処《そこ》に底知れぬほどの魔の仕組があるぞ、気つけおくぞ。

黒川　さっきの鼻高のような感じで、人民は好き勝手にやって天狗になっていて、自分はいいけれども、世の中が悪いという形で意識が分裂してしまっている。そして、世の中は神のせいで悪くなっている、そういう意識になっていく。しかし、「世の中と申すものは大神の働き」です。「高天原」という言葉の「はら」は「腹」でもあります。

ですから天明さんは、宇宙も人々も全て神様の腹の中にある、つまり、神と人が分離して、外のどこかに神がいるのではなく、全ては神の中にいるということをいつもおっしゃっていたそうです。

そういう思いがこの神示の中にも展開されています。

神様が悪いと思っているけれども、神様はどこかよそにいるのではなく、既に自分は神の中にいるのだから、悪いわけがないんです。

そこに気づけない分離性が「魔の仕組」であり、気をつけよと言っています。

今回読み上げたのは、その人その人ではなく、全ての人に合っているんです。1つの物語になっている。

このイベントは今回4回目ですけれども、前回から読んでいくと、自分の中で物語性を感じているので、全てが私だけのことではないんですね。

――続きまして、『日々瞬間の羅針盤』より四一三。T・H様。

四一三　見苦しき霊《たま》には見苦しきものうつるぞ、それが病の元ぞ、見苦しき者に、見苦しきタマ当たるぞ、それで早う洗濯掃除と申してくどう気つけておいたのぞ。

黒川　「見苦しき霊《たま》には見苦しきものうつるぞ」と、「たま」に「霊」という字が当ててあります。

イメージ的には、水晶玉といいますか、宝玉みたいなものが目の前にある。

それはやはり鏡になっていて、宝物を前にしても、そこに醜い姿が映るとしたら、その玉が醜いのではなく、映っている自分の醜さが玉に反映されているということです。

人は見たいものを見ているという話が出たように、自分が見たいものを選んで見ている。

見苦しいものも自分でつくってしまっているわけです。

それは鏡の法則なので、その見苦しい姿は見苦しい気持ちであって、病は気からで、それが病を呼ぶもとになっている。

「見苦しき者に、見苦しきタマ当たるぞ」。

これは全く逆のもので、今度はタマから見たほうの意識で言っています。鉄砲玉が当たるみたいな。

きょうの講演のように、それも見方の展開です。こっちから見る見方と、あっちから見る見方で全然違ったように見える。

突然車にぶつけられたとか、そういうものを引き寄せている部分もあるので、見方を変えることによって、またいろいろ変わってくると思います。

それも含めて、ニュートラルな方向に持っていくためには洗濯掃除が大切だと。

これは何回も何回も言われていますが、大和言葉にすれば「禊」です。禊することによってニュートラルになる。

玉も磨いていけば、そのままのものが映ってきて、その磨く行為自体が修行です。

身魂磨きという中で磨かれていく。その磨かれていく霊《たま》も自分なんですよね。そういうことを言っているんだと思います。

――続きましても『日々瞬間の羅針盤』より五〇八。K・K様。

五〇八　お宮も壊されるぞ。臣民も無くなるぞ。上の人臭い飯食う時来るぞ。味方同士が殺し合う時来ると申してあろがな。これからがいよいよざから、その覚悟していて下されよ。

黒川　引用は「日月の巻」（昭和19年）からですが、戦後の状況をみごとに予言しています。

戦後、進駐したGHQは、軍国主義の根源として日本中の神社を壊そうという方針を立て、まず靖国神社を破却するかどうかで、GHQと日本の宗教学者の間で、かなり言い争いになりました。

実際、GHQ文官が、靖国神社だけでなく、日本の普通の祭りも両方見てから神社を壊すかどうか決めようというところまで来ていて、埼玉県の氷川神社の祭典を視察に行ったんですね。

そうしたら、秋祭りは非常に素朴で、日本の文化をそんなに知らないアメリカ人が見ても心が癒やされるような状況だったそうです。

GHQ高官も、文官はハト派のクエーカー教徒が多く平和主義者だったので、それを見て、神道は軍国主義とつながっているわけではないということがわかって、物質的にはこういうことはなくなりましたが、そうなるんじゃないかと言われていたような状況を反映しています。

しかし今、過疎化などで氏子がいなくなって、神社が壊されるというか、自然に朽ちる状態になっていますよね。

臣民がいなくなる、人がいなくなったことで神社が廃墟になって、それがどんどん加速していく。僕は今これを読んだ瞬間、現在の状況だなと思いました。

「上の人臭い飯食う」というのは、終戦直後に閣僚が戦犯として捕まるとか、そういうことでしょうけれども、現代においては、かなり政治腐敗も進んでいるので、まだ捕まってはいませんが、これからどうなるかわかりません。

また、「味方同士が殺し合う時」というのは、今すぐにはわかりませんが、今の政治状況を見ていると、一寸先はわからないですよね。

そういうことで、同じことを繰り返すというお示しがありますから、終戦直後の状況でもありますが、こういうのが出たときに、現在やこれからの日本の状況も憂慮しなければいけないものがあると思います。

ですから、「これからがいよいよざから、その覚悟していて下されよ」と。

きょう言ったように、いよいよ（神示本文では、一四一四）なんですよ。141《いしい》4《よ》で、「石井社長、頑張ってくださいよ」ということなんです。

――そういうことですか（笑）。

黒川　3回か4回やって、やっとわかったんですけどね。

そんなものです、ご神示というのは。

――続きまして、『ミロク世の羅針盤』より二九六。H・T様。

二九六

大難小難にと祈れと申してくどう知らしてあろうがな、いかようにでも受け入れて、善きようにしてやるよう仕組みてある神の心わからんか、天災待つは悪の心ぢゃと知らしてあろうが、まだわからんのか。

黒川　「大難小難にと祈れ」というのは、一番大切な祈りの気持ちです。『旧約聖書』で、神がソドムとゴモラを滅ぼすと言って、アブラハムが滅ぼさないでくださいとお願いして問答をした物語が一番わかりやすいと思います。ご神示の中心は、大難が小難、そして無難になることが全てだと思います。
それは「くどう知らしてあろうがな」ということで、何回も何回もこのメッセージがあります。
その一方で、「天災待つは悪の心」というのは、当時、天明さんの周りの人たちも、終戦直後に富士山が爆発して関東が大変なことになるけれども、麻賀多神社のほうに住んでいたら平気だと思っていたそうです。

もし本当に富士山が噴火したら成田のあたりも大変なんですが、みんな、自分たちは大丈夫だと安心していたというんですね。

でも、そういう意識になると、そこで意識がとまってしまうんですよ。

天明さんは当時から、それはあかんということを何回も言っていたんでしょうね。

それがそのまま神示に反映されているのだと思います。

これはもちろん今でも当てはまることです。

自分は大丈夫というのは一つの境地ではありますが、あくまでも「我よし」ではなくということです。

——続きまして、『日々瞬間の羅針盤』、四八〇。A・K様。

四八〇

大きなれば旅にも出すぞ、旅の苦楽しめよ、楽しいものざぞ。眠くなったら眠れよ、それが⦿の道ぞ。⦿のコト聞く道ざぞ。無理することは曲がることざぞ。無理と申して我が儘《まま》無理ではないぞ、逆《ぎゃく》行くこと無理と申すのざ。無理することは曲がることぞ、曲がっては⦿の御言聞こえんぞ。素直になれ。火降るぞ。

黒川　何だかフォークソングみたいですけれども、旅に出る、巡礼ですよね。天明さんは神業で日本中に行っていますが、そういう巡礼やご神業の旅の中で大変なこともあったでしょう。戦争中は特に大変だったと思います。
しかし、その中でも楽なことを見つけて、「眠くなったら眠れよ」と。眠くなったら寝るのがまさに神の道です。昔は夢でお告げを受けていましたから。「神床」という言葉があります。

神棚がある部屋を神床と言います。本当は床の間がご神体です。一部の神社の本殿の中のご神体は、いわゆるベッドみたいなものがあって、それをご神体にしている。神がそこに来て寝る。

ですから、ご神座は、椅子ではなく寝床なんです。京都の上賀茂神社や九州の宇佐八幡宮などの古い神社の本殿はそんなに大きくありませんが、御帳台《みちょうだい》といって、中のご神体は寝床です。今もそうです。国立歴史民俗博物館に模型があります。

――天皇家の悠紀殿《ゆきでん》、主基殿《すきでん》とか、ああいうものですね。

黒川　そうです。それも本来は祭主が寝るのが神事です。新嘗祭の御神体が坂枕ですから。

民間でも参籠《さんろう》して寺社内で寝ることで神仏から夢で神示を得る本質を書いています。

後半は、曲がるのではなく素直になれと。曲霊と直霊。寝るときの姿勢は、たいがい真っすぐになります。

それが直日神の姿で、神を受けとめる。
神床のときは、寝転がっても玉串を立てるのと同じ状況です。
人間は立って寝ませんが、寝るときは真っすぐな状態、つまり直日で、寝ていて
神のアンテナになるわけです。
寝ているときはやはり意識の切りかえが重要で、それが神道の鎮魂法の秘儀です。

――続きまして、『ミロク世の羅針盤』の三九四。T・Y様。

三九四
病ほど苦しいものはないであろうがな、それぞれの御役忘れるでないぞ。天地《てんち》唸《うな》るぞ、でんぐり返るのざぞ、世界一度に揺するのざぞ。ⓢは脅すのでないぞ、迫りておるぞ。

黒川　病のことが出てきているのは、日月の神の一つの天界の働きで、オオカムヅミの神という桃の実の神の働きがあります。

それは苦瀬《うきせ》の病を癒やす神の働きで、きょう言ったようにいろんな局面がある中の一つに、桃の実の神の働きがあるんです。

だから、「病を治す」という言葉が何回も何回も出てくるんですが、それは神の属性の一つなんですね。

「天地唸るぞ、でんぐり返るのざぞ」というのは天変地異的なことですけれども、ほかのところにも、5大陸が8大陸になるとか、世は七度の大変わり、7回異変があったとか、そういうご神示があります。

これは、神智学でいうレムリアとかアトランティスが切りかわるような世界の変革といいますか変動、そういうことも含めて言っているんですね。

日月神示はそれが全部入っていますので、これは全然誇張ではなく、「迫りておるぞ」、時の切りかえが来ているということを示していると思います。

――続きまして、『ミロク世の羅針盤』、三九七。N・Y様。

三九七　世界に変わりたこと出来たら、それは⦿⦿《かみがみ》様の渡られる橋ぞ。

黒川　これはすごく詩的な内容ですね。

「世界に変わりたこと」というのは、例えば60年に1回、竹に花が咲くとか、白い霊獣が出たとか、昔の人は、そういうのがあらわれると、神が表にあらわれて何かメッセージを送っているというふうに受け取っていたんです。

そういう伝統を受け継いだような言い方で、「⦿⦿様の渡られる橋」とすごく詩的な表現をされています。

世に変わりたことができたらとか、そういうことの神示だと思います。

――続きまして、『日々瞬間の羅針盤』より四二九。K・M様。

四二九

釈迦祀れ。キリスト祀れ。マホメット祀れ。カイの奥山は五千の山に祀りくれよ。

黒川　戦前。天明さんが入信していた大本教と提携した中国の道院・世界紅卍字会があります。

昔、モーターボートの笹川さんが会長をやっていた慈善団体です。

それが中国で扶乩《フーチ》という自動書記でお告げを出し、関東大震災の前日に義援米が届いて、翌日になったら地震が来て、その義援米が外国からの援助第1号になった事実がありました。

そこでも予言があって、日本には道院と提携する団体があるはずと、王仁三郎に会いにやってきて、戦前は、道院と大本は表裏一体のような感じでやっていました。

その中で、道院では、五教同根といって、仏教、キリスト教、回教、儒教、道教の5つの教えは全て根は同じ、人類にとってすばらしい教えであるということで一緒に祀っていました。

大本も、いろんな宗教は万教同根ということをスローガンに掲げて「人類愛善会」を結成して活動した。天明さんは当時、宣伝部門にいましたから、そういうのとすごくかかわりが深かったんですね。ですから、戦後、お神示《ふで》が降りて奥山というご神殿をつくったとき、最終的には、キリストやマホメットなど海外の5教と国内の5教、全部で十柱の神をお祀りしました。

その一環としてのご神示がこれです。

「カイの奥山は五千《いせ》の山に」というのは、『天明伝』に書きましたが、甲斐の伊勢町というところに御神前をつくったことを指しています。

引用は「松の巻」からで終戦一ヶ月前に降りた御神示です。

「五千《いせ》の山」は、後の昭和30年に天明さんが北伊勢菰野の至恩郷に奥山の神殿を移した事実を予言しているかのようで、時間軸の多重転移を示しています。

それは、神示とか、きょうの会話のやりとりでも何回もあったんですが、まれにあることなんですよね。

また未来に何か起きるのかもしれないし、逆転していて、既に成就した昔のことがまた出てきたのか、にわかにはわかりませんが、これが神示の奥深いところだと思います。

――次の方は『日々瞬間の羅針盤』、八十八です。

八十八

そなたはモノに不足するとこぼして御座るなれど、モノに不足するのは、心に足らぬところがあるからぞ。心至ればモノ至るぞ。何事も神の申す通り素直になされよ。素直結構ぢゃなあ。

黒川　引用は「月光の巻」（昭和32年）ですが、読んで字のごとくだと、モノの不足をこぼしているということです。戦後は物資不足で大変で、砂糖はぜいたく品でした。

この間、宮崎駿の『君たちはどう生きるか』という映画がありました。あれは戦時中で、「普通の家には砂糖がないのに、この家には砂糖がある！」というシーンが描かれていました。

でも、天明さんのことをいろいろ聞いていたら、天明さんの家にも砂糖があったそうです。

金はなくても、色んな人が物資を持ち込むから、あの当時としては比較的裕福で、モノ不足じゃなかったのに、こういうことを書いているんですね。

当時、普通の人たちは、砂糖がないとか油がないとか、モノ不足で苦しんでいたわけですが、ある家でさえ、うちはモノ不足だと。

つまり、モノに対する執着は限りがないということです。

その執着の根を断たなければいけないということで、こういうご神示があるのだと思います。実際、モノ不足じゃなかったという話なので。

だから、素直になれと。素直というのは、さっきの曲霊《まがつひ》と直霊《なおひ》で、真っすぐなんですよ。

——お名前を皆さんに。

モッコス　モッコステツシです。

——肥後もっこす。

黒川　ヤッコスって、『霊界物語』にもキャラクター名が登場します。

——では次、M様は『ミロク世の羅針盤』より二六八でございます。

二六八

悪の守護となれば、悪よく見えるのざぞ。人民悪いこと好きでするでないぞ、知らず知らずに致しているのであるぞ。

黒川　今はもう、いろんな人がいるじゃないですか。「悪の守護となれば、悪よく見える」。そして、人間、悪いことを知らず知らずにいたしている。

ある神示を降ろしているという人の本が売れているらしいんです。それでヒカルランドの本が脇に追いやられてしまって、『天明伝』なんてもろに取次会社や店頭から外されてしまっていますから。これも悪の御用ですね。それは私の見方ですが（笑）。

悪の御用をされている人で、「私、悪の御用をやります」なんて言う人はいません。いたら逆に偉いですけれども、知らず知らずにやっている。

オウムの信者だってみんな、自分たちは正しい、いいことをしていると最後までずっと思っていたんですから。

そういうところで、天狗や四ツ足などの神ではないものを守護にしていたことに気づけばいいですけれども、鼻高になって気づかないと、知らず知らずというふうになってしまう。

ですから、その辺に気づいて、さっき言った掃除、つまり禊していないとあきまへんねということです。

――続きまして、礒正仁《いそまさひと》さんもお願いします。

『日々瞬間の羅針盤』より三八一でございます。

三八一　まつりごとせなならんぞ、わからんことも神の申す通りすれば、自分ではわからんこともよくなっていくのざぞ。悪と思っていることに善がたくさんあるのざぞ。人裁くのは㋹裁くことざぞ。

黒川　まつりごとの本質というのは、政治のまつりごとと宗教のまつりごと、同じ言葉を使っていて、礒さんはまつりをせねばならんということですね。

もしわからないことがあっても、日々お示しのとおりにすれば、自分でわからんこともよくなってくる、それを信じるということです。

悪と思っているようなこと、これはどうなのかなと思っていることの中にも、方角を変えると違う形が見えてくる。

まさにきょうトッチさんとの対談で言っていた平面から立体のことですね。

「人裁くのは◯裁くことぞ」。

これは鏡ですから、対象物は相手で、自分は関係ないと思ってやっていると、似た人を全て引き寄せる。

見たいものを見ているだけですから、見ているものは実は自分自身だったということです。

まつりの鏡と人を裁く鏡、これは最初と最後の意味が一緒になっていて、回文みたいになっています。おもしろい文章ですよね。

――最後に、トッチさんに引いてもらうしかないですね。

トッチさんは『日々瞬間の羅針盤』より四八〇です。

スピカ　きょう2回目ですね。大事なメッセージかもしれません。

四八〇

大きなれば旅にも出すぞ、旅の苦楽しめよ、楽しいものざぞ。眠くなったら眠れよ、それが⦿の道ぞ。⦿のコト聞く道ざぞ。無理することは曲がることざぞ。無理と申して我が儘《まま》無理ではないぞ、逆《ぎゃく》行くこと無理と申すのざ。無理することは曲がることぞ、曲がっては⦿の御言聞こえんぞ。素直になれ。火降るぞ。

黒川　トッチさんが旅人だと、まさにそんな感じですよね。

「⦿のコト聞く道」の「コト」というのは、9、10で、物事の「事」です。

1から8は、古事記の神話で国産みというのがあって、大八洲《おおやしま》、つまり日本列島の8つの島と、小島を6つ生むんです。

これは何でしょうか。8と6ですよね。実は神話の中にも8と6のベクトル平衡体（285ページ図）が、幾何学じゃなくて伝承として入っているんです。

その1から8の世界がベクトルの幾何学で、日本は昔から十進法ですが、八百万の神々みたいな物質的世界、顕現された世界の中では8が最大数なんです。

だから、「八く《ひら》」と読んだりするんですが、9、10はまだ生まれていない。

イザナギとイザナミが一緒につくっていたのが、途中でイザナミが死んでとまってしまったので、9、10の世界はまだ現界に未顕現なんです。

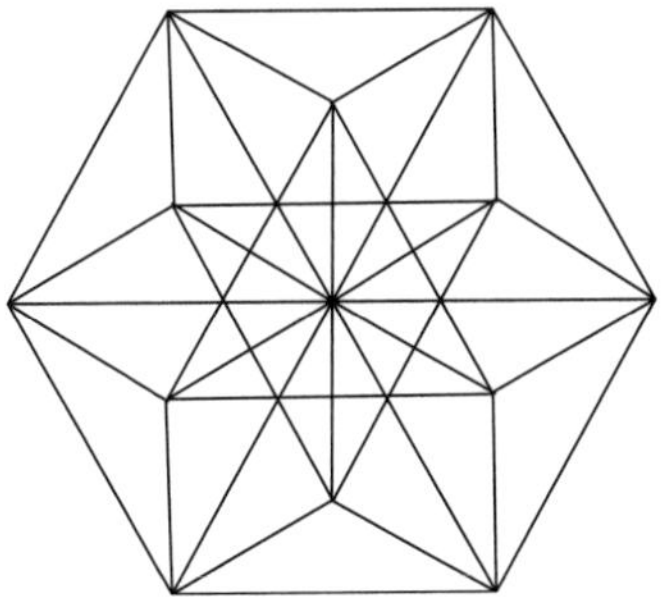

ベクトル平衡体
三角の面が８つ、四角の面が６つ

まだ生まれていない、形而上の世界。多重になっている、霊的な上の世界。

その世界のコトを聞く道なんですね。

聞く（菊）から連想して、白山菊理媛なんて言いますけれども。

「無理することは曲がることぞ」は、曲霊《まがつひ》と素直のことを言っていて、曲がっていると神の御言、つまり「コト」が聞きづらい。

さっき神床の話が出ましたが、寝相が悪くてグニャッと首が曲がっていたら、やはり聞きづらいのではないか。

トッチ　悪いです。

トッチさんは寝相が悪いかどうかわかりませんが。悪いですか。

黒川　素直になれ、真っすぐになれ、そうすると「火降るぞ」。

何これと、思いますね。

スピカ　よく出てきますね、「火降るぞ」。

黒川　1つは、火の雨が降る。

戦時中だったら、アメリカ軍の焼夷弾が降ってきて、空襲で大変な目に遭った、そういう物理的なこともあるんですが、これは聖書の、イエス・キリストが亡くなって昇天した後のバプテスマ（キリスト教入会の儀式で、全身を水に沈める。キリストの死と埋葬、復活を象徴する）。「霊」も「火」も、訓読みは両方とも「ひ」です。ですから「『ひ』の雨」は、「火の雨」でもあれば「霊の雨」でもあるんですね。

さっき言ったように、へそ曲がりから素直になって、真っすぐになった綿棒の意識状態になると、霊《ひ》がおりてきてバプテスマが起こる。

何かいいこと言っていますね。どうでしょうか。

――すばらしい解説、ありがとうございます。

――最後に、トッチさん、感想を。本日の神示はいかがでしたでしょうか。

トッチ きょうは最後まで完走したいと思っていましたが、何とか無事に。この中はちょっと乾燥ぎみですけれども（笑）。

最後は「火降るぞ」という言葉で締めくくられていますが、火が降るということは、同時に水が上がっていく。

黒川 「火降る」のひ、ふ、つまり1、2が隠れているんですね。「ぞ」は多分3です。

トッチ そうすると、マカバがつくられてくるわけです。

片方は見えているもの、片方は見えないものとして。

また、僕たちは現在、水というと、たまっている水と流れている水しか水として認識していない状態です。

しかし、常に水蒸気は上がっている。

つまり、僕たちは水の中を移動しているということも同時に理解していくと、非常におもしろい世界に生きているんじゃないかと、うちの弟子のモッコステツシが言っていたので、間違いないのではないかと思います。

「火降る」。

降ってきた火を本当に燃えている火として受け取るのか、魂のかけらとして受け取るのかでも全然違ってくると思います。

皆さん一人一人の考えていることや見ている世界によって、その火もまた無限に変化するでしょうし、おもしろい火もあれば、苦しくなるような火もある。

ですから、この火は同時に、日々の「日」でもあるのではないかと思います。

うちの弟子とその友人がやっている「日々正月《ひびしょうがつ》」というブランドもありますけれども、正月の「正」は「5」とも書きます。

僕は正しくない人かもしれませんが、これから僕たちがおもしろい火を降らせられたらなと思っております。

きょうは、おもしろくて、また、黒川さんやいろんな方たちとの出会いも、岡本天明さんからの一つのプレゼントではないかと思いますので、石井社長をはじめ、皆様、ありがとうございます。

―― こちらこそありがとうございます。（拍手）

第七部

勘違いのまま進むか、本質に気づくか、枝分かれの分岐点は五六七《みろく》の「五」にある!?

——『日月神示　日々瞬間の羅針盤』・『日月神示　ミロク世の羅針盤』解説篇

日月神示　解説セミナー

講師　黒川柚月 氏

日時・2023年11月4日（土）

（トッチ氏との対談イベント「日月神示・複々立体の謎と神聖幾何学〈2〉」の後に行われています）

――本日は『ミロク世の羅針盤』より引いていただきました。二四〇番、さあ、どんな神示が出てきますでしょうか。K・S様です。すわ☆水鈴Spicaさん読み上げてください。

二四〇　神罰はなし。道は一つ二つと思うなよ。無数であるぞ。(但し内容は一つぞ。) 新しき道拓《ひら》いてあるに、何故進まんのぢゃ。

黒川　「神罰はなし」というのは、日月神示に懲罰的思想はないです。罰が当たるとか、こういうことをしたらよくないことが起きるとか、要はギブ・アンド・テイクなんですが、これはそういうことではなく、神は与えるだけ。天明さんは「大歓喜」という言葉をすごく好んでいて、神の世界は喜びしかない、創造物としての人間は神と離別された存在ではなく、神の中に人間がいるということをいつもおっしゃっていたので、そういう世界観がこの「神罰はなし」という言葉にはあると思います。

「道は一つ二つと思うなよ」。

これは、1が2を生んで、2が3を生んで、3が万物を生んだという老子道徳経の世界観も含んでいると思います。

3が無数である。また3ということですね。一二三《ひふみ》だと。一二三で「新しき道拓いてあるに、何故進まんのぢゃ」。既に新しい道はできているのに、きょう何回も話しているように、認知できていないから、脳はノイズとして処理してしまうんですね。

その中にもう既に新しい道はできている、それに気づけということです。

続きましてN・S様です。一一六番です。

一一六

一二三《ひふみ》の仕組が済みたら三四五《みよいづ》の仕組ぞと申してありたが、世の元の仕組は三四五の仕組から五六七《みろく》の仕組となるのぞ、五六七の仕組とはミロクの仕組のことぞ、獣と臣民とハッキリ分かりたら、それぞれの本性出すのぞ、今度は万劫末代《まんごうまつだい》のことぞ、気の毒出来るから洗濯大切と申してあるのぞ。今度お役決まりたらそのままいつまでも続くのざから、臣民よくこの神示読みておいてくれよ。

――トッチさん、どうですかね。一二三、三四五、五六七が出てきます。

トッチ　「一二三《ひふみ》」自体は、きょう黒川さんもおっしゃっていた「す」「あ」「お」、この3つのことをあらわしていて、カバラだと、原初の光と言ったらいいでしょうか、捉えられない状態。

そこから「三四五《みよいづ》」、これがピタゴラスの定理、フリーメイソンがやっている世

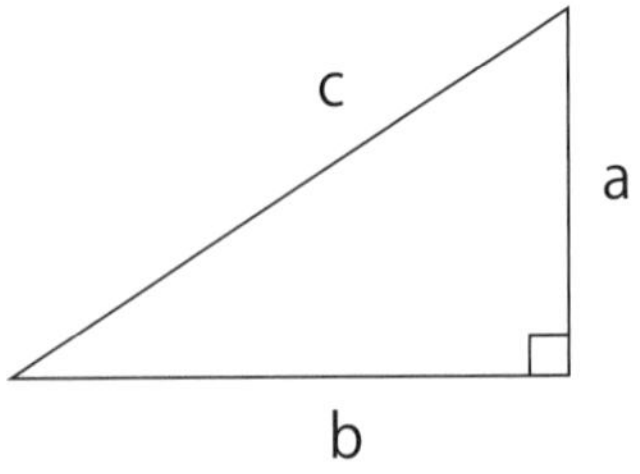

$$a^2+b^2=c^2 \rightarrow 3^2+4^2=5^2$$

ピタゴラスの定理

界の話ですね（296ページ図）。

よく見てみると、「一二三」の「三」と「三四五」の「三」がかかっていて、「三四五」の最後の「五」と「五六七《みろく》」の「五」と、同時に合わさりつつ展開されているところに着目していただきたいと思います。

そこでは、同じ働きでありながら、違う働きとしてエネルギーが分かれていくと言ったらいいでしょうか、そのあたりをちゃんと理解しないといけない。

要は、勘違いのまま進んでしまう人と、本質的なものに気づく人との枝分かれの分岐点にいるのだと。

「それぞれの本性出す」というのは、神様事などで、見た目はすごいと思わせている人もいっぱいいると思いますが、そこにはドロドロしたものも隠れているだろうし、逆に、僕や黒川さんみたいに一見誤解されがちな人ほど、実は魂はきれいかもしれない（笑）。
要は、とらわれの世界から外れろということを言っているのではないかと思います。
黒川さんを一緒にしてしまったんですけど、すみません。

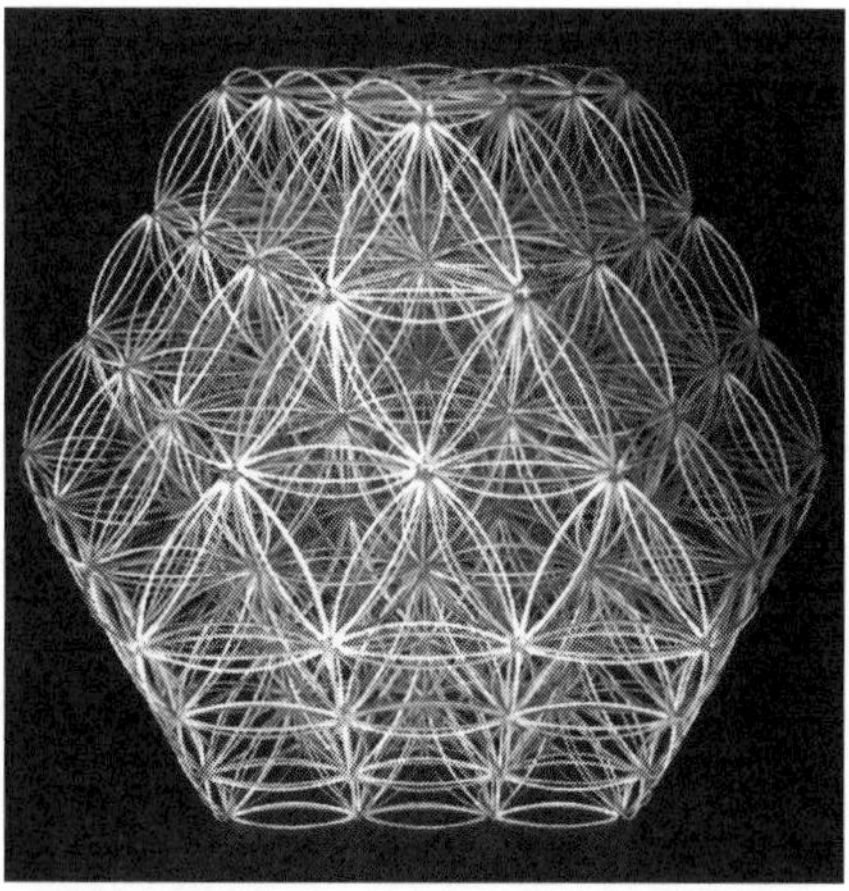
綿棒で作成したフラワー・オブ・ライフ

黒川　僕は警察に職務質問はあまりされないけど（笑）。
トッチ　「洗濯大切」というのは、余計な概念を洗うことで本当にあらわれてくる世界を見つけなさいと。
そのとき、今度はポジション、綿棒で作成する立体（297ページ図）でいったら、グリッド（綿棒と綿棒が合わさる交点）の場所が皆さんそれぞれの立ち位置としてこれから固定化されてくると言ったらいいでしょうか、その交点に自分をグリッドとして置けるかどうかというのが、これからの時代に試されるのではないかと思います。

それを伝えているような感じに見受けられました。

――セブンイレブンのおばちゃんがおっしゃっていた?

トッチ　そうですね（笑）。

――まだいっぱいあるので、次に行きましょう。

七十八番。I・H様です。

七十八

神界は七つに分かれているぞ、天《あま》つ国三つ、地《つち》の国三つ、その間に一つ、天国が上中下の三段、地国（地獄）も上中下の三段、中界の七つぞ、その一つ一つがまた七つに分かれているのぞ、その一つがまた七つずつに分かれているぞ。

黒川　これは天明さんの神秘体験の一つで、『天使との対話』（岡本天明が体調を崩して意識朦朧とする中、意識だけが霊界へ行き、天使と会話したという内容をまとめたもの）と同じシリーズの中にあります。

1人の天使が7人に分裂して、その7人の一人一人がまた7人に分裂しているのが、何ていうんですかね、ビジョン的に重なっていて、かつ、一つ一つ独立しているように見えている。

そして、霊界も3段ぐらいに分かれていて、上の世界と下の世界に分かれているのを天明さんが見たということが実際に書いてあるんですね。そういう世界観をあらわしています。

神智学でも「7つの身体」とかありますけれども、そういうものとも共通性がありますし、さっきトッチさんが、「一二三」の「三」と「三四五」の「三」、「三四五」の「五」と「五六七」の「五」が重なっていると言われたように、どこか重なり合いながら、世界はつながりを持ちつつ無限に展開しているという、数霊をビジョンで見たものとすごく似ていると思います。

――トッチさん、何かありますか。

トッチ　フラワー・オブ・ライフを構造でつくっていくと、段にしたら7段になります（300ページ図）。

その中が6つの世界に分かれていて、真ん中の世界からすると、上に3段、下に3段になるんですね。

まさに今言われているこの世界の構造が、もしかしたら天明さんが見た世界なのかなと思うきょうこのごろです。

でも、これは去年の夏に捕まえたカブトムシの話なので、あまり気にしないでいただきたい（笑）。

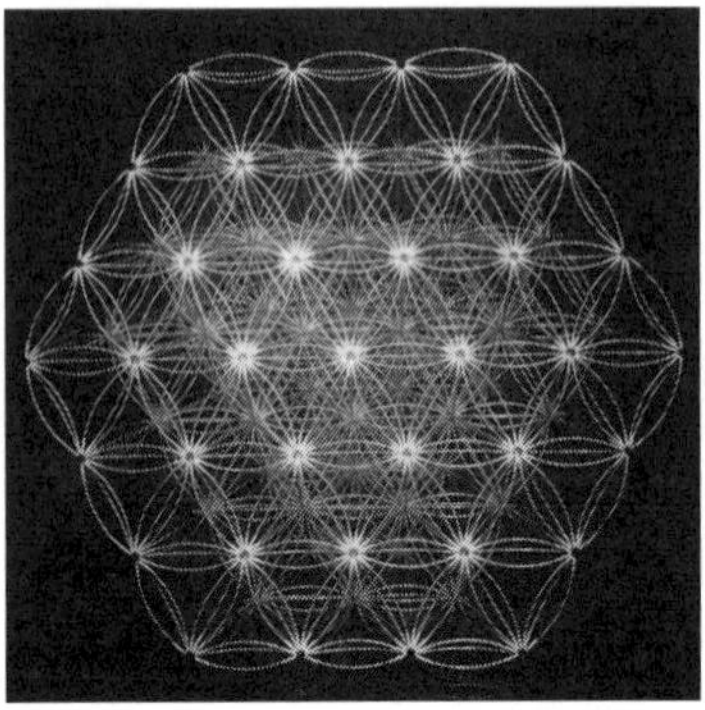

フラワー・オブ・ライフは７段
（綿棒で作成した立体の断面図）

――次、私、引きたいという人。どうぞ。五十四番。U・A様ですね。

五十四

道とは三つの道が一つになることぞ、満ち満つことぞ、元の昔に返すのざぞ、修理固成《つくりかため》の終わりの仕組ぞ、終わりは始めぞ、始めは一（霊《ひ》）ぞ。富士、都《みやこ》となるのざぞ、幽界《がいこく》行きは外国行きぞ。

黒川　神界・幽界・現界と3つに分かれていて、真ん中が幽界です。

最後の「富士、都となるのざぞ」というのは、きのうお話しした、富士山に都ができるということの出典のご神示です。

ミロクの世には富士宮あたりに遷都する、これは天明さん以外にも当時いろんな神示があったそうで、そういう運動と共通性があるご神示です。

最初の「三つの道が一つになる」。

3つは、「上つ巻」の第一帖の、口と心と行いと3つそろったら命《みこと》となる。

それは、1から3つに展開して、その3つがまた1に収束する。生まれて、発展して、死ぬ、ないしは子孫を残すという1つのサイクル。

それがまだ途中のところの、つくり固めの創造神話の最初の言葉なんです、国産みの前の。

つくり固めの創造とその終わりが来るサイクルがある。

終わりが来たらまた始めになる。「尾張の御用」といって、「終わり」に地名の「尾張」という字を当てたりするんですけれども、「始めは一（ひ　霊）ぞ、富士、都となる」。

原文では、霊《ひ》が「一」、富士が「二」、都が「三」ですから、ここも一二三なんです。

さっき言った一二三には、霊《一》の富士《二》の都《三》になるという意味もある。それを唯一明かしているのがこのご神示です。

一二三は、3つがまた1つになる。ですから、この神示自体が循環しているんですね。

循環している中の「満ち満つことぞ」の「満ち」は、原文ではやはり「三」です。

一二三で三界の万物が生まれる。

一番最初のご神示でも同じことを言っていて、「満ち満つことぞ」は満ちあふれる無限の力です。

天明さんが言ったような大歓喜とか喜びが満ちあふれてくる。それが井戸なんです。

井戸から満ちあふれてくるというご神示です。

――次、H・R様、四五三番ですね。

四五三

三千の世界の中の一つがそなたたちの世界であるぞ。この世もまた三千に分かれ、さらに五千に分かれているぞ。この方《ほう》五千の山に祀れと申してあろう。今の人民の知り得る世界はその中の八つであるぞ。人民のタネによっては七つしか分からんのであるぞ。日の光を七つと思うているが八であり、九であり、十であるぞ。人民では六つか七つにしか分けられまいが。

黒川　「三千世界」というのは仏典の言葉で、宇宙全体をあらわします。過去・現在・未来とか、56億7000万とか、那由他《なゆた》とかいうすごい桁の数字がありますけれども、それが仏典の宇宙をあらわしていて、「三千世界」という言葉がよく出てきます。

その三千世界はあなたたちの世界で、この世は3000に分かれているというのは仏教的にもありますが、それがさらに5000に分かれるというのは仏典にはありません。

これは日月神示「五十《いせ》黙示録」にある言葉です。

5から50になって、500になって、5000になるという5を中心に成ってい
く世界は、きょうの話のように、九星魔方陣の5が立体になっていて、それが展開していくことを言っているのではないかと私は今思っています。

「五千《いせ》の山」は「カイの奥山」です。

カイは山梨の山里で、もともと谷みたいな地形のところなんですね。

ですから、井戸と同じで虚数空間。その中に五千の山があって、そこに神を祀れという意味があるのだと思います。

最近は、真名井ということだと受け取っています。

その後の「人民の知り得る世界はその中の八つ」は、いつも言っているように、大八洲の国産みで生んだ1から8の世界。

「人民のタネによっては七つしか分からん」は、「ひな」ということです。

成長し切っていない、1、7で「ひな」だから7までしかわからない。

光はベクトルで、今7つだと言われています。

しかし、「八であり、九であり、十であるぞ」というのは、九十戸《コトド》（イザナギが現界と黄泉の国の境に据えた大岩）に合わせて、光にもまだあらわれていないベクトルがあるということを示している。

2000年前、ギリシャのアリストテレスは、虹は3色だと言っていました。

当時の人類は色味がすごく少なかったようなんです。

夢だって、自分よりちょっと前の世代の人は白黒で見ていたようですが、自分は総カラーで夢を見ていたので、それを知りませんでした。

中学生のとき同級生と話していたら、同級生の夢はみんな白黒で、自分だけがカラーだったんです。

カラーの夢を見るのは当時の言葉で気違いだと言われていましたけれども、世代世代で聞いていったら、今はほとんどがカラーです。

白黒の夢を見る人はいません。やはり意識が変わっていっている。

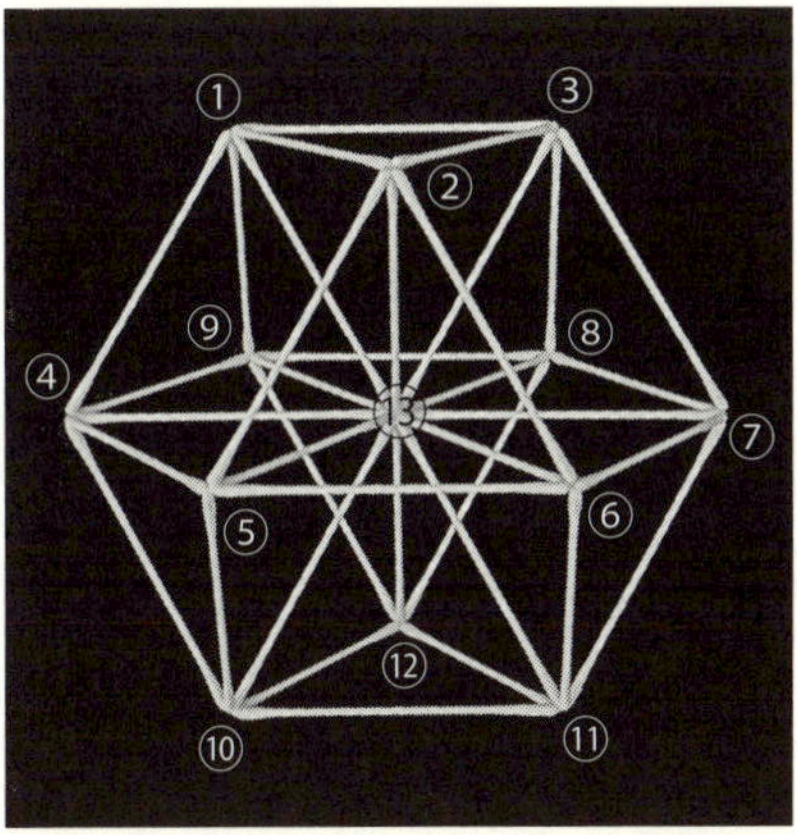

ベクトル平衡体の12の頂点と核なる部分を入れた13

最初は夢の世界だけれども、それが現代になって立体になる、そういうことだと思います。

――これについて、トッチさんはどうですか。

トッチ　黒川さんがおっしゃったとおりだと思いますが、まず1つ、数の数え方が本当の数の数え方と違っています。

例えばベクトル平衡体は12の頂点がありますけれども、何もない1つの頂点も数に入れます（307ページ図）。

そうすると、どこかあいているところがあるので、真ん中から出たエネルギーをずらしていけるわけです。

動きを生むためには、全て埋めない。

そうやって見ると、7つと思っているけれども、見えていない不可視の光も存在していて、それが続くからこそ、実は7つが8つ、また9つというふうに、段を重ねていくようなイメージをしてもらえたら少しわかりやすいのではないかと思います。

三千世界、これも1つの比喩表現ですよね。

この構造（ベクトル平衡体＝フラワー・オブ・ライフ＝297、300、307ページ図）自体は、無限に大きくなる形を持っています。

ですから、物理的には限界が来るとは思いますが、宇宙というエネルギーを持てば三千世界をつくるのは容易でしょう。

僕が綿棒で3000の交点をつくっていくのは難しいかもしれませんが、莫大なエネルギーがあれば、そういう世界も展開されていって当然だろうし、そこで終わりと思うなよと。

ある種、それは五千世界につながっている。3があって、今度は5があって、そこでまた15をつくっているような気がするんですよ。

家紋にある五三の桐や五七の桐（３０９ページ図）、これもまた日月神示に出てくる5と7と3という数字で、それが七五三になっていたり、いろいろ相通ずるところがあるのではないかと思います。

「九であり、十であるぞ」の「九」は、数字的な9だけでなく、皆さんには球体の「球」を想像していただきたい。

球体になったときに交点が生まれる、つまり〇十がつくられるということです。

「人民では六つか七つにしか分けられまいが」。

今の価値観では、そこを受け取ることができない自分たちになってしまっているということを伝えているんじゃないかと、キリギリスが言っていました（笑）。

五三の桐

五七の桐

――次、S・M様ですね。六〇二番です。

六〇二　一に一足す一の世界、一に一足す無限の世界、超現実、霊の世界、立体の世界、立立体の世界のあることを体得せねばならんぞ。

黒川　何だか仕組んだようですね（笑）。

――仕組んでいませんよ（笑）。

黒川　話は脱線しますけれども、天明さんの最後の遺言の一つに、一足す一は二ではないというのがあるんです。

自分が死んだら何とかで？　というのは書いていますが、それ以外にも最後に、一足す一は二ではないと。

自分はまだ理解し切れていないのでうろ覚えですけれども、たしか「一足す一は四になる」とか、そんなことを言っているんですよね。

謎かけをして、もちろんみんなわからないんですが、それを彷彿とさせるような難しいことを言ってくるので、困ってしまいます。

これはトッチさんにパスします（笑）。

トッチ　これも「一」の捉え方がそもそも最初から間違っています。例えば、僕が使っているこのマイクは、マイクとしては1です。

では、パーツとしては何個入っていると思いますか。分解したら、物すごい数のパーツでできています。

要は、今の物の見方は、側（がわ）だけの話になってしまっている。1と数えているものは、最初から1ではないということです。

本当の1は、「位置」のことなんです。

同じ1でも位置が違う。皆さん、位置が違います。でも、1なんです。皆さんという1、位置。

僕たちはその捉え方を体得していかないと本質は見えないようになっていると、小学校の幼なじみが言っていました。たまたま30年ぶりぐらいに会ったんですよ。

――今、会場に本当にいらっしゃるの？ オサナナジミさん。びっくりですね。

トッチ 小学校、中学校が一緒だったんですけれども、彼は超有名な頭のいい学校に行って、僕は不良街道のほうに行っちゃって、そしてまたここでめぐり会うみたいなことになりました（笑）。

――次の神示。H・K様。五一一番。

五一一

二二と申すのは天照大神殿の十種《とくさ》の神宝《かむだから》に丶を入れることであるぞ、これが一厘の仕組。二二となるであろう、これが富士の仕組、七から八から鳴り鳴りて十となる仕組、成り成りあまるナルトの仕組。富士と鳴門の仕組いよいよぞ、これがわかりたならば、どんな人民も腰をぬかすぞ。

黒川 これは「五十黙示録」の最後のほうの、かなり難しい、何を言っているのかわからないご神示の一つです。

「十種《とくさ》の神宝《かむだから》」というのは、高天原から10の宝をニギハヤヒが持ってきて、石上《いそのかみ》神宮におさまったという神話がありますが、ここでは、10は10だけれども、22だと言っています。

その十種に、きょう最初に言った宇宙の始まりの極小点「ヽ《ホチ》」を入れると、10が11になって、しかも、それが22になる。

これは、きょう何度も言った表裏の2つの世界です。

「富士は晴れたり日本晴れ」から始まって、ずっと謎かけがあるんですが、それに対して神示で直接何か言っているのは、実は昭和36年のこのときが最初で最後です。

ですから、「二二《ふじ》と申すのは」というのは、「富士は晴れたり日本晴れ」の一番最初の「富士」に対して、答え合わせをしているご神示なんです。

「十種の神宝」は10だけれども、自分的な理解では、それにヽが入る、要するに命が入ることによって11になる。

男性だったら、男性器から精子が出て、生む力を生み出すわけですよね。

それがさらに表裏で活動していて22になる。

「成り成りあまるナルトの仕組」。

鳴門海峡の渦は、観光船から海を覗くとスペクタクル風景が楽しめます。『霊界物語』の中では、鳴門の渦の下に穴があいており、そこから水が噴き出して、水が吸い込まれて、地球が息をする穴、また天然の真井戸です。

日月神示が降りた印旛沼に地元に同じ伝承があって佐久知穴《さくちあな》と言い、日月神示では鳴門の御用は、印旛沼と鳴門海峡、あとは諏訪湖と言われています。

諏訪湖は、地質学的には水たまりですが、かつては今の2倍の大きさがあり、やはりそこに湧水が湧く泉がありました。

つまり、茅野市の葛井《くずい》神社が、諏訪のナルトになります。

ただ、天明さんの時代にそれはわかりませんでした。

神示では鳴門で、井戸になっているとされるから、私は諏訪にも必ずあると思って諏訪めぐりをしてずっと調べていたら、やっとそこを見つけたんです。

現実として存在しましたし、仕組の話ですから、霊的な形は「ナルトの仕組」であると。

「これがわかりたならば、どんな人民も腰をぬかすぞ」。

自分的には、葛井神社を見つけたときは、本当だったと思い、びっくりしました。

これは個人の段階の「腰をぬかす」でしたが、それを拡大すると世界的な形にもなってくるのではないかと思います。


――トッチさん、いかがでしょうか。


トッチ　「二二と申すのは」で始まりますが、「十種の神宝」は、全部集めると「生命の樹」ができ上がると言われています。

その中の交点、ケテルとかダートとかいろいろありますが、そのパーツにもなっている。

また、「生命の樹」をいっぱい集めると、結局フラワー・オブ・ライフになりますけれども（316ページ図）、僕の解釈でいくと、神が入る。「二二」というと皆さんは富士山を想像するかもしれませんが、要はエネルギーがそこにちゃんと乗ることによってできる、富士山のような「形」なんですよね。

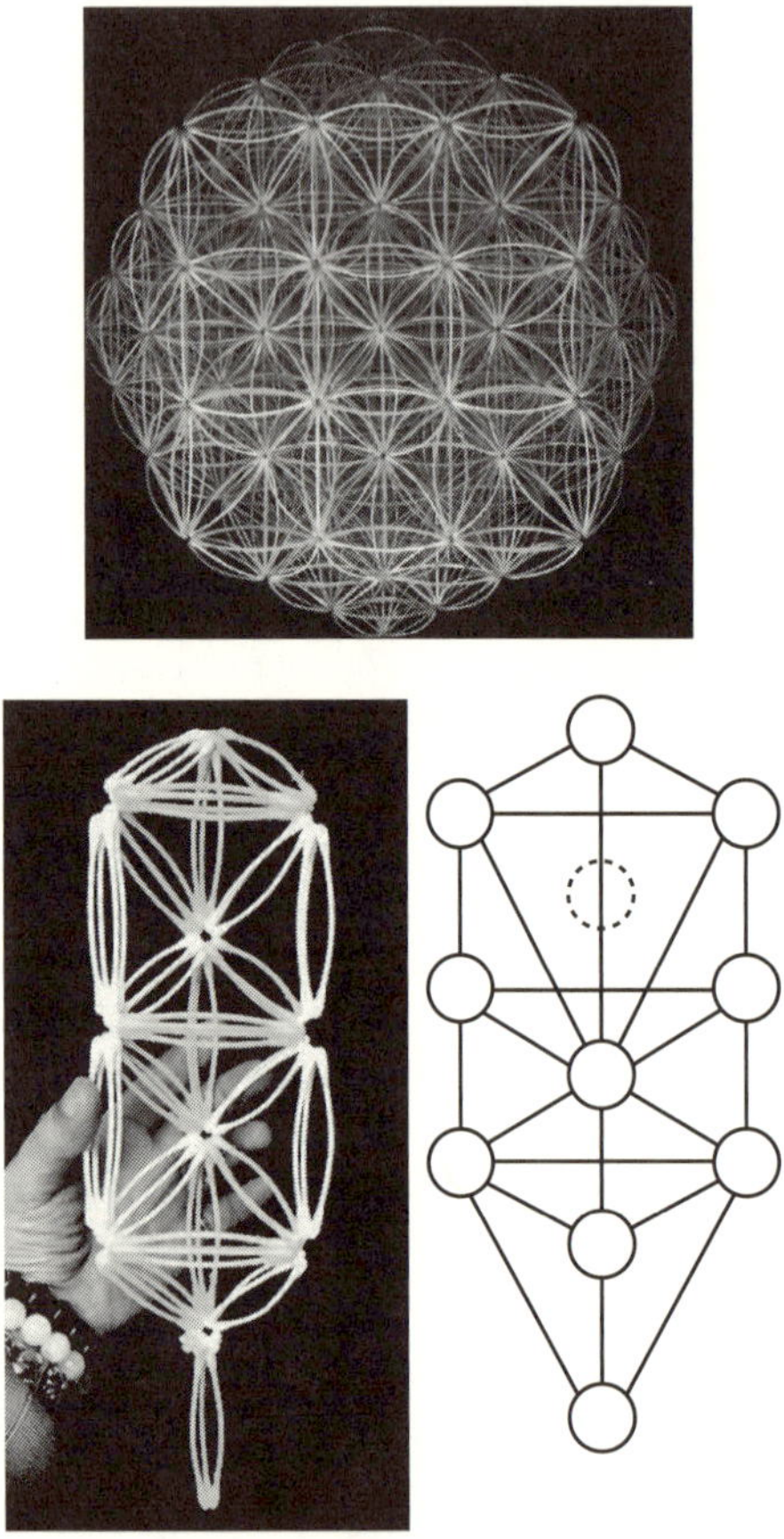

「生命の樹」の集合体である
フラワー・オブ・ライフ

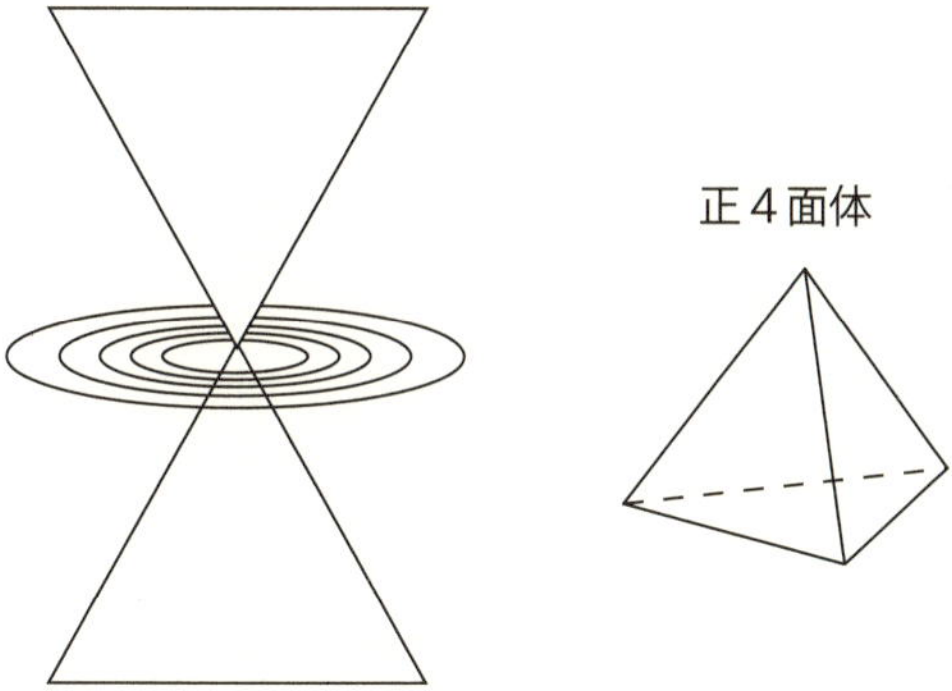

富士と逆さ富士がエネルギーとしてぶつかり合い
鳴門の渦のようなエネルギーが回る

つまり正4面体です。それが反対側にもあるんです、逆さ富士として。

そしてエネルギーとしてぶつかり合うと、そこに鳴門の渦のようなエネルギーが回るわけです（317ページ図）。

ですから、この立体（フラワー・オブ・ライフ＝297、300ページ図）をまた違う色分けをすると、「富士と鳴門の仕組」を視覚化して認識することができます。

それがエネルギーの話で、「これがわかりたならば、どんな人民も腰をぬかすぞ」というのは、そういうところにあらわれているのではないか。

「二二」を、富士山と捉えるか、富士山のような形、鳴門の渦のようなところとして捉えるかによって、また違った見え方が見えてきて、それらを合わせてあげるとエネルギーの仕組みになってくることがわかってくる。

——幼なじみの方から見て、今のトッチさんの話はどうですか。

オサナナジミ　昔は想像できなかった（笑）。

——どんな感じでしたか、昔は。

オサナナジミ　このままですよ。昔と変わらない。

——やっぱりヤクザ者だった？（笑）

オサナナジミ　いやいや。遊び人的な感じ。

——自分でエロいって言っていましたもんね。

トッチ　石井社長か俺かってところですよ（笑）。

——いやいや。大分脱線しました。

――では、次。M・R様。三二五です。

三二五　地上界に山や川もあるから霊界に山や川があるのでない、霊界の山川がマコトぞ、地上はそのマコト（〇九十）の写しであり、コト（九十）であるぞ、マ（〇）が霊界ぢゃ。

黒川　何回も話しているように、大和言葉では、「霊界」を「隠れ世」、「この世」を「現《うつ》し世《よ》」と言います。

また、万葉集では、「体」のことを「空蟬《うつせみ》」、体はセミの抜け殻にすぎないのだと言っています。

本体は魂を認知していて、そちらがもとの世界ですが、隠れているんです。

大和言葉から既にそういう哲学が完成していて、それをそのまま神示的な言い方で言っているのだと思います。

「霊界の山川がマコトぞ」、つまり霊界の山や川が本体だというのは、ゲーテの

「イデア」ですね。

原型的なものは高次元の世界にあり、現界にある植物や動物は霊的世界にあるイデアの根源の写しにすぎない、原始植物、植物の原型は霊界にあるのだと。

シュタイナー的な世界観ですけれども、それと同じことを言っています。

それをここでは「マコト」という言葉を使っていて、「コト」というのは、大八洲の国産みの8までの世界と、9、10の形而上の世界。

コトは「言葉（事の端《は》）」で、形而上の世界のコトを、例えば言葉などの形であらわすと現実になる。

コトが写されて山や川になる。ですから、こっちが「マコト《○九十》」だと。本当のことは形而上の世界のコトです。

天皇の言葉を「ことよさし」とか「勅《みことのり》」と言いますが、天皇が言葉を唱えたら、その言葉どおりになってしまう。

ですから、天皇が何か言ったら、それで世の中がひっくり返るというのがもともとの日本のあり方でした。その根源のことを言っています。

「マ」というのは、極大点であり、原型のカタカムナの世、丸い世界、そのことも言っているのだと思います。

――トッチさん、これは神聖幾何学的にはどうでしょうか。

トッチ　「マが霊界ぢゃ」というのは、ここにある球体は12面体と20面体でできていて、水と空《くう》をあらわすエレメントになっているんですが（321ページ図）、それこそ、今僕たちが移動している空間にそういったエネルギーが満ちているというふうに考えてもらえるといいのかなと思います。

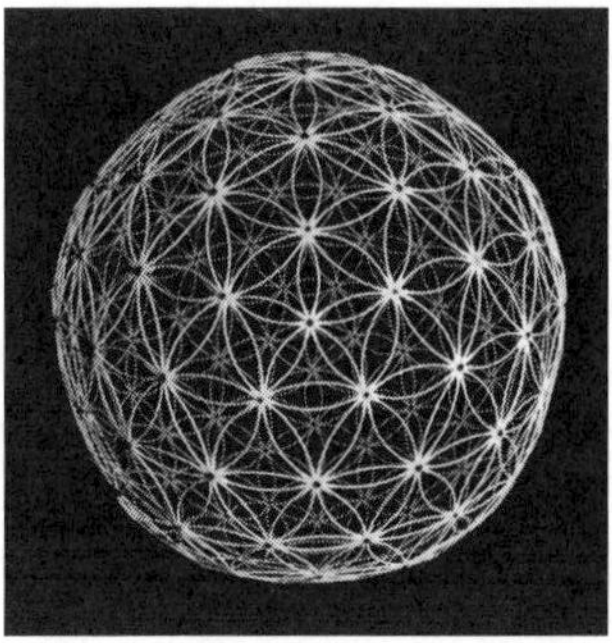

球体

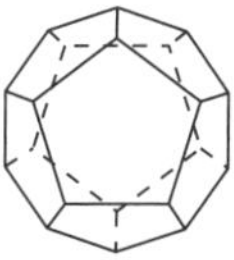

正12面体（空）

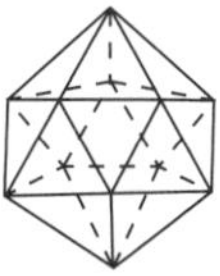

正20面体（水）

ここは霊界と現象界との合わせ世と言ったらいいのでしょうか、そういう中にコトがある。

そのコトというのは、今おっしゃったようなお話だったり、言葉、そして事象としての事。

ですから、常に霊界の中に包まれていることを認識すると、自分の体もそういうふうにできているので、オーラと言われているものも「マ」の部分であり、自分たちにはコトの部分であり、その中にマコトがある。要はフラクタルになっているわけです。

地球だけで考えると、地球の地面から成層圏を越えて丸く見せている部分。

地球はなぜ丸く見えるかといったら、レンズ効果を持っているからです。

本来は山があったりしてデコボコですが、地球自体の回転が球体をつくり出しています。

軌道と言ったらいいでしょうか、その中に電気、エネルギーが生まれるので、そこでは霊界としての電源の役割も持ちながら、本来の霊界の電源となっているのは肉体。

そしてまた、僕たちの電源となっているのは見えないほうの世界。

つまり、どの世界もたすきがけになっているんですね。

小さい電子の世界から惑星まで、全部がフラクタルに続いている。

その一部分のお話ではないかと思います。


――これはどなたの発言ですか。

トッチ　来年にはわかると思います（笑）。
きょうはちょっとわからないかもしれない。

――では、また来年まで楽しみにしております。

今のこのすばらしいお二方の解説、言霊を音霊に変えて、これから演奏させていただきたいと思います。

トッチさん、黒川さん、ありがとうございました。（拍手）

（了）

あとがき

九十八《ことひら》く
九九《くく》り結びし
百《もも》の花
開いて散りて
実をば結ばむ

今年、令和7年は、昭和で換算すると昭和百年となります。令和5年（西暦2023年）11月のトッチさんとの「日月神示と神聖幾何学」の講演は昭和98年でした。令和6年の「音の日月神示」コラボ講演が昭和99年の括りの年で、九九《くく》は菊理媛《くくりひめ》の働きとなります。

奇しくも昨年は、昭和19年の日月神示発祥80周年でもありました。

昭和19年の日月神示発祥は知られるようになりましたが、同年の10月、但馬《たじま》（兵庫県）のハチ高原の大笹で、龍宮乙姫を祀る龍宮神社が建立されたのは、大本信徒には知られていますが、スピリチュアル一般では知られていません。

石川県の金劔宮《きんけんぐう》が金運の神社とは間違いで、大笹の龍宮神社こそが王仁三郎が戦後の超インフレから日本を救うために祀った金運の神社です。

20年前、鉢伏山の龍宮神社建立60周年祭の日程を決めたのが、私の神事の日時を決めた最初の経験でした。

その縁もあって去年の龍宮神社建立80周年祭では、祭主を勤めさせていただき、献詠神事《けんえいしんじ》を修めさせていただきました。


ある時、天河神社で柿坂名誉宮司から「掃除することがフトマニ」だと言われたのですが、これはどういう意味ですかと聞かれた。そこで本書の93ページからのエピソードを話すと、意味がわかったと大変喜ばれた。

同内容をフェイスブックに投稿したら、大変な好評でイイネがついて驚いた。

私は、皆さんてっきり知っている話だと思っていたのです。30年前の天河神社の崇敬者だったら皆さん知っていたエピソードも、時と共に忘れられていたと私自身が知らなかった。

昭和に換算すると98年、99年に開催された「日月神示・複々立体の謎と神聖幾何学」と「日月神示のことはこの人に聞け！」の両講演を読み返すと、私が人に「神道」「神拝」「神事」を説明する時の、基礎概念の説明が、おおよそ収められています。

本書に収録したイベントはバラバラの時期ですが、同じお題の神示の解釈など一部重複が見られますが、以前は同じような話は無駄だと思っていた私も、ここ最近は身に沁みるには重複させることも効果的なんだと気づいてきました。

徳間書店時代から面識はいただいた、石井社長、今回もお世話になりました。前作から諸事万端、フォローいただいた遠藤さん、ありがとうございます。

令和7年—昭和百年一月二三日　著者しるす

【参考文献・Webサイト】

『［完訳］日月神示』岡本天明 書・中矢伸一 校訂　ヒカルランド
『原文対訳　日月神示』岡本天明 書記・武田崇元 編／校訂　八幡書店
『日月神示』岡本天明・岡本三典 著　「至恩郷」私家版
『【岡本天明・口語訳】水穂伝』岡本天明 訳・山口志道 著　八幡書店
『古事記数霊解序説』岡本天明 著　八幡書店
『増補改訂　岡本天明伝』黒川柚月 著　ヒカルランド
『霊界物語』出口王仁三郎 著　天声社
『霊界物語』出口王仁三郎 著　愛善世界社
『霊界物語』出口王仁三郎 著　八幡書店
『三鏡　出口王仁三郎聖言集』出口王仁三郎 著　八幡書店
『出口王仁三郎著作集』第1巻　出口王仁三郎 著・村上重良 編　読売新聞社
『出口王仁三郎著作集』第2巻　出口王仁三郎 著・安丸良夫 編　読売新聞社
『出口王仁三郎著作集』第3巻　出口王仁三郎 著・出口栄二 編　読売新聞社
『出口王仁三郎著作集』第4巻　出口王仁三郎 著・上山南洋 編　読売新聞社
『出口王仁三郎著作集』第5巻　出口王仁三郎 著・上田正昭 編　読売新聞社

『鎮魂帰神法伝習録』 小西雲鶴 著・大宮司朗 解説　八幡書店

『千鳥』 千鳥会

オニド（王仁三郎ドット・ジェイピー） by 飯塚弘明
https://www.facebook.com/onisavulo567/

王仁三郎データベース　王仁DB－出口王仁三郎と霊界物語の総合検索サイト
https://onidb.info/

【画像クレジット】

178ページ　レオナルド・ダ・ヴィンチ「ウィトルウィウス的人体図」
レオナルド・ダ・ヴィンチ, Public domain, ウィキメディア・コモンズより
https://commons.wikimedia.org/wiki/File:Da_Vinci_Vitruve_Luc_Viatour.jpg

297、300、316、321ページ　神聖幾何学立体制作：トッチ

307ページ　神聖幾何学立体制作：折口十一

黒川柚月　くろかわ ゆつき
1969年（昭和44年）東京都南新宿生まれ。服飾専門学校卒業。

幼少期から心霊番組やUFO超常現象の本を読むのが好きだった。

10代半ば頃より、西洋神秘学や大本教に興味を持つ。

1990年（平成2年庚午）千葉県成田市の麻賀多神社に参拝し、古代忌部氏の系統を探求する。

1992年、全国の神社巡りを開始する。

2000年より経論研究に入る。

2014年、明治の国家神道に隠滅された古神道の神拝所作に関心を持つ。

蝦夷（父方）と水軍（母方）の子孫。

著書：『[日月神示] 夜明けの御用 岡本天明伝』（ヒカルランド）、『富士は爆発するぞ！ 日月神示が語る今この時』（中矢伸一氏、内記正時氏との共著・ヒカルランド）、『あらすじで読む霊界物語』（飯塚弘明氏、窪田高明氏、久米晶文氏との共著・文芸社）、『日月神示と神聖幾何学』（トッチ氏との共著・ヒカルランド）

撮影：小路谷恵美

日月神示のことはこの人に聞け！

日月神示・岡本天明――内奥への道しるべ

第一刷　2025年2月28日
著者　黒川柚月
発行人　石井健資
発行所　株式会社ヒカルランド
〒162-0821 東京都新宿区津久戸町3-11 TH1ビル6F
電話　03-6265-0852　ファックス　03-6265-0853
http://www.hikaruland.co.jp　info@hikaruland.co.jp
振替　00180-8-496587
本文・カバー・製本　中央精版印刷株式会社
DTP　株式会社キャップス
編集担当　遠藤美保

ISBN978-4-86742-431-5

ヒカルランド　好評既刊！

地上の星☆ヒカルランド　銀河より届く愛と叡智の宅配便

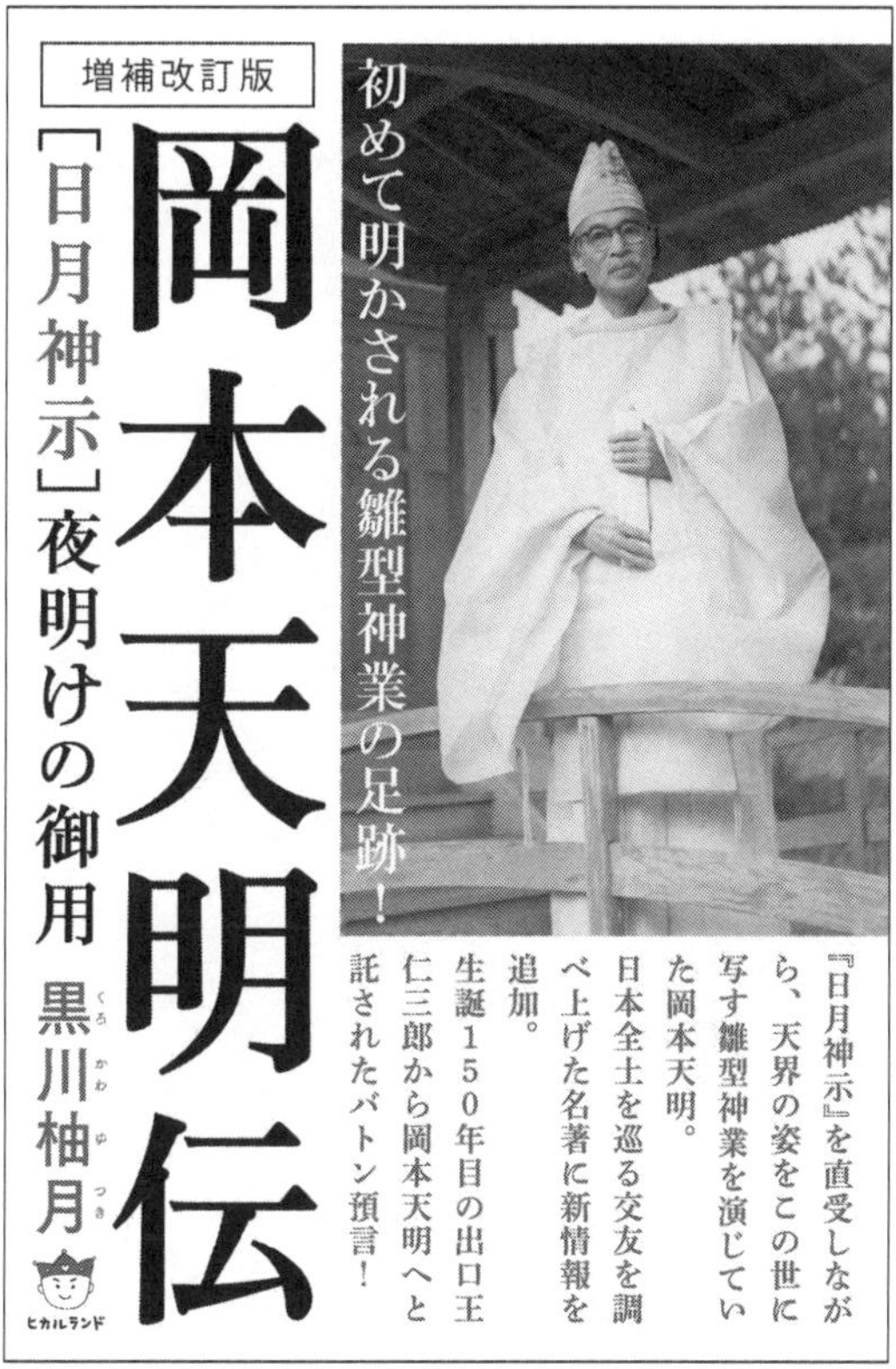

増補改訂版
[日月神示]夜明けの御用　岡本天明伝
著者：黒川柚月
四六ソフト　本体3,000円+税

ヒカルランド　好評既刊！

地上の星☆ヒカルランド　銀河より届く愛と叡智の宅配便

宇宙を統べる真理の法則と、その科学
日月神示と神聖幾何学
時間・空間・重力・量子、そしてフリーエネルギー
著者：トッチ／黒川柚月
四六ソフト　本体 2,300円+税

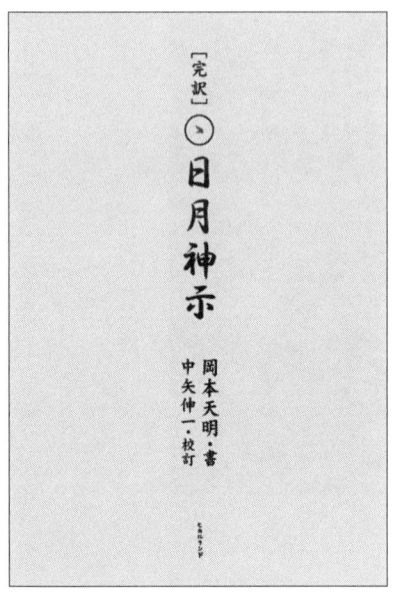